Theresienstr.
straße
Staatsarchiv
Schönfeld-
straße
Kaulbachstr.
Englischer
Ring
Von-der-Tann-Straße
Ludwig-
Galeriestraße
Prinz-Carl-Palais
Hofgarten
Bayerische Staatskanzlei
Franz-J.-Str.
Hofgarten-
straße
Residenz
Cuvilliés-Theater
Theater am Marstall
Marstallpl.
Residenzstraße
Max-Joseph-Platz
Nationaltheater
Marstallstr.
Wurzerstr.
K.-Scharnagl-Ring
Seitz-
Liebig-
St.-Anna-Str.
St. Anna
Triftstraße
straße
Oettingen-
straße
Reitmor-
str.
R.-Koch-
str.
Bürkleinstr.
Pfarrstr.
Thierschstr.
Lehel
Widenmayerstr.
Stern-
Alte Münze
Hofgraben
Hof-
Am Kosttor
Alter Hof
Maximilianstr.
Kammerspiele
Hofbräuhaus
A. Platzl
Sparkassenstr.
Brauh.-str.
Ledererstr.
Hildegardstraße
Museum für Völkerkunde
straße
Maximiliansbrücke
Praterinsel
Maximilianeum
Isar
Burgstr.
Hochbr.
Herrnstraße
Stollberg-
Thomas-Wimmer-Ring
Knöbel-
Adelgundenstr.
Thierschstraße
straße
Marienstr.
Tal
Valentin-musäum
Mann-
hardtstr.
Praterinsel
Kabelsteg
Westenriederstr.
Isartorpl.
Isartor
straße
str.
Thierschstraße
Liebherrstr.
Landstr.
Steinsdorf-
Wehrsteg
Zeilstr.
Muffathalle
ford-
straße
straße
Morassistraße
Deutsches Patentamt
Isar
Müllersches Volksbad
Innere Wiener Str.
Am Gasteig
Preysingstraße
Ludwigsbr.
Rosen-
Gasteig Kulturzentrum
Kohlstr.
Erhardtstraße
Museumsinsel
Forum am Deutschen Museum
straße
straße
heimer
Kellerstraße
Europ. Patentamt
Erhardtstraße
straße
Baader-
straße
Deutsches Museum
Isar
Zeppelin-
Lilien-
Hoch-
Straße
Rosenheimer Platz

POLYGLOTT

Reiseführer für Teddy & Co

München

Für alle Plüschtierhalter

Von Elke Verheugen & Christopher Böhm

Die Autoren

Elke Verheugen und Christopher Böhm organisieren einwöchige Rundreisen für Stofftiere durch München. Seit es »Teddy in Munich« , die weltweit erste Reiseagentur für Plüschtiere gibt, sind alleinreisende Stofftiere jedenfalls häufiger in München als man denkt – sie kommen aus Deutschland, Kanada, Japan, Schweden, Frankreich, Mexiko, Österreich … Damit sie ihren Gästen aus aller Welt die richtigen Reiseinformationen bieten können, haben Elke Verheugen und Christopher Böhm nun den ersten »Reiseführer für Teddy & Co« über München geschrieben.

Herausgeber: Polyglott-Redaktion
Autoren: Elke Verheugen und Christopher Böhm
Lektorat: Barbara Kreißl
Bildredaktion: Ulrich Reißer
Layout und Satz: Ute Weber, Geretsried
Umschlaggestaltung: Studio Schübel Werbeagentur GmbH, München
Karte: Polyglott-Kartografie

Alle Fotos stammen von den Autoren, außer:
Hintergrund Cover: mauritius images

Elisabeth und Dr. med. Markus erblickten das Licht der Welt in der Firma Sigikid, wofür der Verlag sehr dankbar ist.

Erste Auflage 2006/2007
Printed in Germany
ISBN-13: 978-3-493-70301-6
ISBN-10: 3-493-70301-5

Inhaltsverzeichnis

Mal ehrlich, gehören Sie auch zu den Menschen, die sich ein Leben ohne ihr vertrautes Stofftier nicht vorstellen können? Oder zu denen, die an einem Plüschtier aus alten Zeiten doch irgendwie hängen? Denken Sie sich nichts dabei – das ist völlig normal!

Was hat man seinem Teddy in all den Jahren nicht alles erzählt! Gott sei Dank sind Stofftiere nicht besonders geschwätzig. Ganz im Gegenteil – ohne viele Worte bringen sie jeden noch so verzweifelten Besitzer durch schlaflose Nächte, spenden Trost, Wärme und Zuversicht. Teddys, Schmusekatzen, Plüschhasen – Kuschelgefährten sind nicht nur im Kindesalter Seelentröster. Ist es da nicht wirklich an der Zeit endlich mal »Danke« zu sagen?

Fragen Sie nicht, was Ihr »Teddy« für Sie tun kann, sondern was Sie für Ihren Teddy tun können!

Wie wäre es zum Beispiel mit ein paar Tagen Urlaub in der schönen Landeshauptstadt Bayerns. Nicht für Sie! Für Ihren Teddy!

Der Kuschelbär und verdiente Seelenretter Dr. med. Markus jedenfalls war mit seiner dunkelfelligen Freundin Elisabeth in München unterwegs. Auf eigenen vier Pfoten! Zwölf abwechslungsreiche Tage voller Überraschungen und bäriger Unternehmungen.

Was Teddybären so denken und fühlen, was sie sagen und tun, woran sie Spaß haben und was sie lieben, davon erzählt dieses Buch. Der erste Reiseführer aus dem Blickwinkel zweier Teddybären – gemacht für Teddy & Co, die damit nicht mehr ohne Reiseinformationen ihren München-Urlaub antreten müssen. Gemacht auch für alle Plüschtiereltern und Menschen, die Spaß an verrückten Sachen haben, die kreativ und offen sind für neue Sichtweisen.

Das Leben ist schon ernst genug… Finden Sie nicht auch? Gehen Sie doch lieber mal auf Teddy-Tatzen-Suche, denn Dr. med. Markus und Elisabeth haben an ganz besonders schönen Stellen ihren Pfotenabdruck hinterlassen.

…damit das Leben wieder bunt ist.

Tag 1:

Rausgepurzelt

- Spielzeugmuseum
- Viktualienmarkt
- Touristeninfo

Aufgelöst versuchte Christiane, dem Mann an der Kasse klar zu machen, dass sie Markus verloren hatte – eine Katastrophe! Aber sie stieß auf völliges Unverständnis: »Mei – des is doch nur a Stoffviech!« Christiane konnte es nicht fassen. »Sie haben ja keine Ahnung, was mir mein Bär bedeutet!« Ihre Augen blitzten vor Wut, doch sie riss sich zusammen. »Bitte – hier ist meine Adresse. Falls Markus abgegeben wird, informieren Sie mich! Bitte!« Wütend und verzweifelt verließ sie das Museum.

1 Stunde früher und 3 Stockwerke höher

Gerade hatte es sich Dr. med. Markus im Rucksack von Christiane so richtig gemütlich gemacht, als diese sich aus unerfindlichen Gründen nach vorne beugte. Und schon war es passiert: Der Teddy mit dem ungewöhnlichen Namen purzelte aus dem Rucksack. Kuschelig wie er war, landete er völlig geräuschlos auf dem Boden, kein Plumpsen alarmierte seine Gefährtin. »Christiane! Halt! Bleib stehen! Nimm mich mit!« – Markus' verzweifelte Rufe verhallten ungehört. Fassungslos sah er seine Menschenfreundin um die Ecke biegen.
Niemand achtete auf den am Boden hockenden Teddy – immerhin war das Münchner Spielzeugmuseum kein ungewöhnlicher Aufenthaltsort für Plüschbären. Noch etwas unsicher auf den Pfo-

ten, rappelte sich Markus schließlich auf. Ein Honigbonbon verhalf ihm schnell wieder zu etwas mehr Sicherheit. Er musste sich beeilen, wenn er Christiane einholen wollte ...

Der Weg ist das Ziel

Doch schon im nächsten Raum wurde er aufgehalten. Aus einer Vitrine über sich hörte er Klopfgeräusche, und als er hinaufschaute, sahen ihn zwei dunkle Knopfaugen fragend an. »Wer bist du denn? Ein Neuzugang? Bei der letzten Inventur warst du jedenfalls noch nicht hier! Und wie bist du aus deiner Vitrine rausgekommen? Kannst du mich nicht auch freilassen?« Markus, der nicht umsonst von Christiane seinen Doktortitel erhalten hatte, fühlte sich bei seiner Ehre gepackt: Die Bärin – schon ein älteres, aber immer noch ausgesprochen knuddeliges Modell – brauchte seine Hilfe! Irgendwie gelang es ihm, die Vitrinentür so weit zu öffnen, dass die Teddydame hindurchschlüpfen konnte. »Hallo du, ich heiße Elisabeth. Und du?« »Markus – Doktor med. Markus. Ein richtiger Mediziner bin ich zwar nicht, aber Christiane, meine Menschenfreundin, hat mir vor ein paar Jahren den Ehrendoktortitel verliehen.« Markus erzählte Elisabeth von seinem Leben mit Christiane und der Zeit, als sie furchtbar an Liebeskummer erkrankt gewesen war. Wochenlang hatte er sich damals Nacht für Nacht die grässlichsten Männerge-

schichten anhören und immer wieder Tränen trocknen müssen. Gott sei Dank war Christiane mittlerweile wieder vollkommen genesen und hatte Markus zum Heiler der Nation ausgerufen. Seitdem nannte sie ihn Dr. med. Markus.
»Ja, aber wo ist sie denn jetzt, deine Christiane?«
»Ich bin abgestürzt und sie hat es nicht gemerkt! Au weia – ich hab' mich viel zu lange verquatscht. Ich muss mich beeilen, wenn ich sie noch einholen will! Kommst du mit und hilfst mir, sie zu suchen?«
Elisabeth taperte ohne zu zögern Richtung Treppe los: »Am Ausgang werden wir sie schon noch finden. Los komm, hier ist der kürzeste Weg nach unten! Bestimmt wartet sie da auf dich.«

Teddy-Tatzen-Tipp

Das Münchner Spielzeugmuseum liegt sehr zentral im schmalen gotischen Turm des alten Rathauses, direkt am Marienplatz. Außer amerikanischen und europäischen Spielsachen zeigt es jede Menge Teddybären.
2006 verließ Elisabeth das Museum und hat natürlich eine Lücke hinterlassen. Finden Sie den Platz, an dem Elisabeth jahrelang zur Schau gestellt wurde?
Tel. 0 89/29 40 01, www.spielzeugmuseum-muenchen.de, tgl. 10–17.30 Uhr, Eintritt 5 €, Kinder 1 €.

Markus blieb aber immer wieder ganz gebannt vor den Vitrinen und Schautafeln stehen. »Schau mal, die Bärenkinder da haben ja richtig feuchte Nasen!« »Das sieht nur so aus. Die Stupsnasen sind aus Schelllack. Den verwendete man früher, bevor man mehr Kunststoffe einsetzte. Ich finde auch, dass es hübscher aussieht als die heutigen Plastiknasen.«
Elisabeth hatte im Museum eine ganze Menge gelernt. So berichtete sie Markus auch die Schauergeschichte vom TÜV – dem »Teddy-Überprüfungs-Verein« –, von dem ein Museumswärter immer den Kindern erzählte: »Stell dir vor, da reißt man einigen von uns schier Arme und Beine und sogar die Augen aus, bloß um rauszufinden, ob kleine Menschenkinder sich nicht an unseren Einzelteilen verschlucken oder vergiften können!«
»Igitt, wie grässlich – so was würde meine Christiane nie zulassen!«

Teddy-Futter-Tipp

Ganz in der Nähe **vom Marienplatz empfiehlt es sich, im Hofkeller** einzukehren: Leckere Schmankerl wie Fleischpflanzerl in Honig-Chili-Glasur und dazu ein guter Wein dürften nicht nur Teddys begeistern.
Hofkeller, Alter Hof, Tel. 0 89/24 24 37 33, www.alter-hof-muenchen.de, Mo–So 11–1 Uhr.

Als die beiden endlich am Ausgang anlangten, war von Christiane weit und breit nichts mehr zu sehen.
»Was machen wir jetzt?«, fragte Elisabeth, die aufgeregt in die milde Frühlingsluft schnupperte.
»Erst mal rausgehen. Da können wir uns die Sonne auf den Pelz brennen lassen und in Ruhe nachdenken.« Markus war nicht so leicht aus der Ruhe zu bringen – typisch Teddybär!

»Immer der Nase nach«

Verführerische Duftschwaden lenkten Elisabeth und Markus Richtung Viktualienmarkt. Ihre Knopfaugen wurden immer größer, und beiden lief das Wasser im Munde zusammen. Beim Obststand Bayer konnten sie keinen Meter weiter – es roch einfach zu gut! »Frische Erdbeeren – wunderbare frische Erdbeeren ...« Conny, die Verkäuferin, sprach das Teddypaar spontan an. Standlfrauen am Viktualienmarkt lassen sich selbst von freilaufenden Teddys nicht aus der Ruhe bringen. Nach einem vergnügten Ratsch steckte sie Markus und Elisabeth ein paar Erdbeeren und eine

Was zur Honigbiene sind Viktualien?

Teddy-Futter-Tipp

Das aus dem Lateinischen stammende Wort bezeichnet Lebensmittel. Und die gibt es in Hülle und Fülle auf dem großen Markt innerhalb der alten Münchner Stadtmauern, der nebst Maibaum und Biergarten allerhand kulinarische Highlights anzubieten hat. Da liegt die Papaya mit bayerischer Selbstverständlichkeit neben dem Radi, konkurrieren heimischer Bärlauch und französischer Knoblauch und senden Käse aus aller Herren Länder ihre Duftwolken gen Himmel.

Pfote voller Nüsse zu. »Oisdann, I wünsch' euch no' an schena Tog und vui Spaß!«
»Markus, wozu wünscht sie uns eigentlich ›Viel Spaß‹?« »Vielleicht hat sie uns für Touristen gehalten, die sich München anschauen wollen.«
Der Gedanke beschäftigte beide, und eine Zeit lang stapften sie stumm nebeneinander her. Schließlich brach Elisabeth das Schweigen: »Keine schlechte Idee. Hättest du denn Lust, mit mir durch München zu stromern?«
»Was heißt hier Lust?! Die Idee ist genial!«
Die Vorstellung, mit seiner neuen Freundin Elisabeth München auf eigenen vier Pfoten zu erobern, begeisterte Markus so sehr, dass er spontan einen wilden Bärentanz aufführte.

»Wir werden die schönsten Seiten von München entdecken! Das wird ein bärenstarker Urlaub!« Elisabeth strahlte, und auch Markus leuchtete die Begeisterung aus den Knopfaugen.

Erste Vor-Bär-eitungen

»Komm, wir gehen zurück zum Marienplatz. Dort ist die Touristeninfo-Zentrale. Christiane und ich waren heute schon mal da. Da arbeitet ein bärig netter Mann; der wird uns bestimmt mit teddytauglichen Tipps versorgen.« Quietschvergnügt marschierten die zwei los. Es war gar nicht so einfach, sich einen Weg durch das Gewirr von hin- und herlaufenden Menschenbeinen zu bahnen, ohne von schwingenden Einkaufstaschen k. o. geschlagen oder von Kinderwagen überrollt zu werden.

In der Touristen-Information freute sich der Mann an der Theke, Dr. med. Markus wieder zu sehen: »So schnell hast bei uns a Bärenfreundin g'funden – des is ja stark! Und jetzt braucht's Infos zur Stadterkundung. Aber, sagt's amoi – wo schlaft's denn ihr überhaupts?« Darüber hatten sich die zwei noch gar keine

Gedanken gemacht. Markus kratzte sich am Bauch, rückte seine Brille zurecht – und hatte keine Ahnung. Er sah Elisabeth fragend an, doch

auch sie zuckte hilflos die Schultern.

»I hob a Idee«, sagte der freundliche Bayer, »ihr könnt's in mei'm Apartment in der Glückstraße wohnen. Es steht eh grad leer und liegt ideal im Zentrum.« Bepackt mit vielen München-Informationen, einem Hausschlüssel und vielen guten Wünschen für ihren gemeinsamen Urlaub, machten sich Markus und Elisabeth auf den Weg, um in München ihr Bären-Glück zu suchen.

Teddy-Tatzen-Tipp

Die Touristen-Information am Marienplatz ist Gold wert. Die Mitarbeiter sind bärig gut drauf und sprechen neben vielen Fremdsprachen auch fließend Teddisch. Jedenfalls unterhalten sie sich ohne Scheu mit Teddybären. Sie helfen bei der Zimmersuche und informieren über aktuelle Events und kulturelle Ereignisse.
Touristen-Information am Marienplatz, Mo–Fr 10–20 Uhr, Sa 10–16 Uhr.

Tag 2:

Auf vier Pfoten durch die Innenstadt

- Karlsplatz
- Neuhauser/Kaufinger Straße
- Deutsches Jagd- und Fischereimuseum
- Dallmayr
- Glockenspiel am Rathaus

»Heute erobern wir die Innenstadt und fangen im Westen mit dem Stachus an«, beschloss Markus schon vor dem Frühstück. Elisabeth war das Programm völlig schnuppe – Hauptsache, sie konnten ihre unerwartete, gemeinsame Freiheit genießen.
»Vom Odeonsplatz kommen wir im Tatzenumdrehen mit der U 4 zum Karlsplatz.«
»Ja, was denn nun? Karlsplatz oder Stachus?«
»Das sind nur zwei Namen für ein und denselben Platz. Der Stachus war früher mal eine beliebte Wirtschaft – und jeder, der am Karlsplatz war, ging halt auch zum Stachus auf ein Bier. So ist der Name hängen geblieben.«
»Wann hast du fleißiger Bär denn das schon wieder gelesen?« In der Zwischenzeit waren die beiden an der U-Bahn-Station angekommen. »Und wie kommen wir diese ewig lange Rolltreppe heil runter?« Elisabeth waren die Rillen zwischen den Stufen unheimlich – zu leicht konnten sich da die plüschigen Teddyhaare verfangen. Markus hatte die rettende Idee. Kurzerhand klammerte er sich an das schwarze Gummiband des Handlaufs und ließ sich rittlings treppab befördern.
»Spring auf, das Band hat genau Teddybreite! Wie für uns gemacht.« Unten ließen sich die zwei geschickt in den Korb eines Kinderwagens plumpsen und ergatterten so unbemerkt eine Mitfahrgelegenheit. Wie bestellt stiegen Mutter und Kind am Karlsplatz aus und brachten die

zwei Glücksbären wieder ans Tageslicht. Vor der Tür eines großen Spielzeugladens ließen sie sich heimlich aus dem Wagen fallen.

Mutprobe

»Markus, ist hier viel los! Wo wollen wir denn zuerst hin?«
Selbstsicher nahm Doktor Bär Elisabeth bei der Pfote und lotste sie Richtung Karlstor. Niemand beachtete sie, nur der zottelige Hund eines Straßenmusikanten fletschte die Zähne. Mutig brummte Markus ihn an und brachte den Vierbeiner völlig aus der Fassung: »Was seid ihr denn?«, knurrte der böse.

»Na, was wohl? Hast du noch nie Teddys auf Tour gesehen? Ignorant!« Elisabeth zog Markus schnell weiter, bevor der Hund zuschnappen konnte.
»Mann! Hast du nicht gesehen, dass der viel größer war als du? Nur vor Straßenkehrmaschinen hab ich mehr Angst als vor diesen Viechern!«
Von einem Schaufenster zum anderen wackelten die beiden Bären vergnügt und immer selbstbewusster durch die Neuhauser Straße. Elisabeths knuffiger Bärenpopo wippte lustig hin und her,

während Markus mit stolz geschwellter Bärenbrust und hoch gereckter Nase neben ihr schritt. Bei einem riesigen Wildschwein und einem glänzenden Fisch aus Bronze blieben beide abrupt stehen.
»Was um Himmels willen ist denn das?« Elisabeth sah ihren Begleiter fragend an. »Das ist das

Jagd- und Fischereimuseum. Wollen wir reingehen?« Markus war auf Abenteuer aus und erwartete, dass dieses Museum wegen der vielen Fische und anderen Viecher bestimmt tierisch spannend war.

Geisterbahn für Teddys

Doch auf den drei Etagen des Museums erwartete das Teddypaar das reine Grauen. Wie in einer Geisterbahn kamen sie sich vor, als sie über 1000 präparierte Fische, Vögel und das Haarwild sahen. Dazu jede Menge Waffen und anderes Folterwerkzeug. Wie angewurzelt blieb Elisabeth vor einer Reihe überaus seltsamer Tiere stehen. »Wol-per-tinger«, las sie auf dem Beschriftungsschild. »Ich finde, das geht zu weit. Nicht nur

Teddy-Tour-Tipp

Das Jagd- und Fischerei-museum liegt inmitten der Fußgängerzone. Für Teddybären ist es ungeeignet, doch für große und kleine Menschen ist der Besuch lohnend.

Deutsches Jagd- und Fischereimuseum, Neuhauser Straße 2, Tel. 0 89/2 20 52, www.jagd-fischerei-museum.de, tgl. 9.30–17 Uhr, Do bis 21 Uhr, Eintritt: 3,50 €, Senioren, Kinder und Studenten 2,50 €.

ausgestopfte Tiere – da haben sie auch noch Mutanten! Wie widerlich!« Ihre Fellhaare sträubten sich in alle Richtungen.
»Fisch hin, Fisch her – Markus, ich will hier raus. Frischer Fisch wäre mir jetzt tausendmal lieber!«
»Du sprichst mir aus der Seele. Komm, ich bring dich zum Paradies für alle Feinschmecker!«

Münchner Leckereien

Mit diesem Vorschlag rannte Markus bei Elisabeth offene Türen ein. Schon wenige Minuten später standen sie im Delikatessgeschäft Dallmayr direkt vor den traditionsreichen Holztheken, die alles andere als teddytauglich waren. Der betörende Durft von frischem Wildlachs zog sie magisch Richtung Fischtheke. Elisabeth klopfte dem erstbesten Menschen neben sich kräftig auf den Fuß, um sich bemerkbar zu

machen. Dann setzte sie ihr liebstes Teddy-Gesicht auf – und wurde tatsächlich auf den Rand der Theke gesetzt.
Ungehindert probierte sie die verschiedensten Fischsorten. Perfekt – so schmeckt das Glück!
Markus hingegen hatte eine andere Witterung aufgenommen. Irgendwo war hier ein Raum voller Honig und Schokolade. Hüpfend und sich reckend, versuchte er zunächst erfolglos, auf den reich gedeckten Gabentisch zu kommen. Plötzlich kam eine Verkäuferin – oder war es ein blau-weiß beschürzter Engel des Paradieses? – und setzte ihn mitten auf einen Berg von hauchdünnen Schokotäfelchen und anderen Leckereien. »Dass die Leut' auch immer unsere Deko runterschmeißen müssen«, murmelte sie, bevor sie wieder entschwand.

Markus konnte sein Glück kaum fassen und schlug sich genüsslich den Bärenbauch voll.
Bevor er sich nach geraumer Zeit auf die Suche nach Elisabeth machte, packte er sicherheitshalber noch einen ordentlichen Vorrat an Schoko-

Teddy-Tatzen-Tipp

Die Fünf Höfe an der Theatinerstraße sind nur 2 Gehminuten vom **Dallmayr** entfernt und vereinen in beeindruckender Weise historische Bausubstanz und moderne, hochwertige Shoppingmeile. Hier kann man in preisgekrönter Architektur nicht nur Konsumgelüsten freien Lauf lassen – auch der Zugang zur **Hypo-Kunsthalle** ist geschickt in den Komplex eingebettet. Da locken immer wieder große Ausstellungen Mengen von kunstsinnigen Besuchern.

täfelchen ein. Pappsatt und sehr zufrieden verließen die Beiden das Bär-Dorado.

»Um wieviel Uhr beginnt eigentlich das Glockenspiel im Rathaus?« »Um 11, um 12 und von März bis Oktober um 17 Uhr – und abends um 21 Uhr gibt's sogar ein Nachtwächterlied.«

Dr. med. Markus hatte sich auf den ersten Münchentag gut vorbereitet. »Wunderbar. Da bleibt uns ja noch richtig schön Zeit für einen gemütlichen Verdauungsspaziergang durch die Fünf Höfe.«

Süßer die Glocken nie klingen

Auf dem Marienplatz angelangt, stellten Markus und Elisabeth fest, dass Hunderte von anderen Touristen auch gekommen waren, um das Glockenspiel und den Tanz der Schäfflerfiguren

zu bewundern. Und so befürchtete Elisabeth, überhaupt nichts sehen zu können.
»Darf ich auf deine Schultern klettern, wenn es anfängt?«
»Ich habe eine viel bessere Idee. Komm schnell mit um die Ecke, ab in den Aufzug und rauf ins ›Café Glockenspiel‹.«
Den Etagenknopf drückte ein junger Asiate. »Ob der uns wohl für ferngesteuerte Hightech-Spielzeugwesen hält?«, flüsterte Markus. Christianes Neffe hatte von seinen Eltern so ein Ding geschenkt bekommen, das surrend durch die Wohnung gefahren war. Leise brummend nahm er die kichernde Elisabeth in den Arm und begann, mit ihr im Kreis zu tanzen. Tatsächlich zückte der

Teddy-Futter-Tipp

Die Lage des Café Glockenspiel ist unschlagbar – direkt am Marienplatz, im 5.Stock gegenüber dem Rathaus. Der Eingang ist nur mit einer Bärenspürnase zu finden. Bärenfreundliche (= manchmal etwas brummige) Bedienung und leckerer Kuchen erwarten den Besucher, der obendrein mit einer Aussicht über den Marienplatz belohnt wird.
Café Glockenspiel, Marienplatz 28, 5. Stock (Eingang Rosenstraße in der Passage), Tel. 0 89/26 42 56, www.cafe-glockenspiel.de, tgl. 9–1 Uhr.

Mann aus dem fernen Osten seine Kamera, um die beiden Tanzteddys auf seinen Speicherchip zu bannen. Lächelnd hielt er ihnen oben die Tür auf, wofür die beiden sich mit einer anmutigen Verbeugung bedankten, bevor sie zu einem Tisch am Fenster wackelten.

»Na so was, grüß Gott, das ist aber eine Überraschung!« Leicht verwirrt betrachtete die Bedienung das Teddypaar. »Man sieht nicht alle Tage allein reisende Teddybären. Was darf ich euch denn bringen?«

»Wir wollen uns von hier aus das Glockenspiel anschauen. Dazu hätten wie gerne einen honigsüßen Kräutertee und einen Bienenstich – mit viel Sahne bitte! Und wären Sie wohl so nett, uns auf den Tisch zu setzen, damit wir besser sehen können?«

»Na klar. Ihr habt euch aber auch wirklich den besten Platz ausgesucht, um das legendäre Turnier zwischen dem bayerischen und lothringischen Ritter zu bewundern«.

Das Teddypaar interessierte sich nicht so sehr für den geschichtlichen Hintergrund von Politik und Pest, sondern freute sich einfach auf die kleinen tanzenden Figuren.

Mit großem Genuss vertilgten Herr Doktor Bär und Elisabeth ihren Bienenstich mit Tee und waren sich vollkommen einig darin, dass dieser erste Tag ihrer Bärenfreiheit in München rundum ein Erfolg gewesen war.

Tag 3:

Die große Freiheit

- Ludwigstraße
- Siegestor
- Englischer Garten
- Münchner Freiheit

Singend – oder besser brummend – spazierten die beiden Plüschtiere am nächsten Tag im Sonnenschein die Ludwigstraße entlang Richtung Siegestor. Ganz entspannen konnten sie sich dabei allerdings nicht, denn ständig kamen ihnen Fahrradfahrer und Inline-Skater bedrohlich nahe. Am Platz vor der Universität blieben sie stehen.

»Das Siegestor wurde noch von Ludwig I. in Auftrag gegeben und steht in der Tradition der Triumphbögen wie der Marble Arch in London oder der Arc de Triomphe in Paris. Es ist ein Mahnmal für den Frieden, und gleichzeitig markiert es die Grenze zwischen der Maxvorstadt und Schwabing.«

»Willst du auch noch einen Doktortitel in Geschichte kriegen?« Elisabeth saß auf dem Rand eines großen Brunnens und ließ sich das Rückenfell anspritzen. »Mir ist heut' nicht nach Studieren – ich will lieber in den Englischen Garten und nach Schwabing zum Eis essen! ›'S is wieder Sommer, Sommer in der Stadt‹.« Vergnügt und völlig falsch summte Elisabeth das Lied einer berühmten bayerischen Musikgruppe vor sich hin. » ›I renn' nackert durch'n Englischen Garten, sitz' high auf'm Monopteros. I kauf' mir a Eis am Chinesischen Turm und flanier' mit dir auf der Leopoldstraß'.‹ «

Übermütig zog sie Markus an der Krawatte, um ihn zum Weitergehen zu bewegen.

Achtung Radfahrer

In letzter Sekunde konnte Markus seine Bärendame noch schnappen und purzelte mit ihr unter einen sicheren Busch. »Deinetwegen hab ich jetzt Grasflecken im Fell. Hast du die Fahrradklingel denn nicht gehört?«, brummte Markus. »Nein! Aber die Radlerin hätte ja gefälligst auch besser aufpassen können!« Elisabeth und Markus richteten sich mühsam auf und klopften sich Staub und Grashalme aus dem Pelz, als plötzlich die Frau mit dem Hollandrad vor ihnen stand.
»Seid ihr mir gerade beinahe ins Radl gerannt?«
Zitternd versteckte sich Elisabeth hinter Markus.
Der mimte mal wieder den starken Bären:
»Auch wenn wir nur kleine Teddybären auf Wanderschaft sind, so haben wir doch auch etwas

mehr Rücksicht verdient! Sie können doch nicht einfach so wild drauflos radeln! Meine Freundin hätte sich schwer verletzen können!« Das ritterliche Auftreten des kleinen Pelztiers amüsierte die Frau, und sie bot den beiden zur Entschädigung für den Schrecken an: »Ich bin gerade unterwegs zum Englischen Garten. Wenn ihr knuddeligen Bären Lust habt, dann könnt ihr in meinem Einkaufskorb mitfahren. Na, ist das ein Vorschlag?«

www.
Teddy-in-Munich
.de

»Oh toll!«, jubelte Elisabeth, und auch Markus vergaß bei diesem verlockenden Angebot seinen Groll.
»Ich heiße übrigens Martine und bin mit einer Bekannten im Biergarten verabredet«, stellt sich die Radlerin vor. »Heut' Nachmittag hab ich frei, erst abends muss ich wieder in meinem Lokal im Westend sein.«
»Das ist Elisabeth und ich bin Markus, Dr. med Markus. Wir sind auf Urlaub hier und

zum ersten Mal in München!«
Die beiden ernteten ein zauberhaftes Lächeln von Martine. »Ich habe daheim auch einige Teddys und Kuscheltiere. Am liebsten mag ich meinen ›Bouboule‹ – auch wenn er schon sehr zerliebt und deshalb mehrfach geflickt ist. Ich müsste ihn glatt mal fragen, ob er nicht auch Lust auf Urlaub hat.«
(Haben Sie auch noch nie darüber nachgedacht, Ihrem Lieblingskuscheltier einen Urlaub zu spendieren? So was gibt es wirklich: Münchenurlaub für Teddys und Co., siehe Umschlag hinten)
Martine hob Elisabeth vorsichtig hoch und setzte sie in den Korb, während der Doktor wie ein Tra-

pezkünstler am Fahrradrahmen hochkletterte. Kaum hatten es sich beide im Korb bequem gemacht, ging es los: Martine bog in die Veterinärstraße ein und fuhr auf der Höhe der Tierklinik direkt in den Englischen Garten.
Die Tierklinik sei hier nur am Rande erwähnt – Elisabeth war ja nicht ernstlich verletzt worden, und außerdem gehen Plüschtiere im Krankheitsfall besser zu einem Teddy-Doktor.
Entsprechende Adressen finden Sie bei www.teddy-in-munich.com

Ein Garten für alle

›Hier ist ja ganz München unterwegs!‹, staunte Elisabeth, als sie die Vielfalt der Besucher im Englischen Garten sah: Da tummelten sich Eltern mit ihren eisbekleckerten Kindern, Studenten und Sportler, Gitarrespieler und Trommler, verliebte Pärchen und Singles, ganz zu schweigen von den vielen Radfahrern und Wiesenliegern. Von ihrer hohen Warte aus konnte sie sogar die vielen Hunde mit Wonne beobachten. Ein kleiner schwarz-weißer Hund, der begeistert im Zick-Zack über die Wiese fetzte, gefiel ihr besonders gut. »Jakob! Jakob!« Die Rufe seines Herrchens verhallten ungehört, denn der Schlawiner hatte anderes im Sinn.
»Ja – das ist Freiheit!«, rief Elisabeth und sprang saltoschlagend aus dem Fahrradkorb. Der kleine Hund spitzte die Ohren, änderte schlagartig

seine Richtung und kam schwanzwedelnd auf sie zugestürmt. Markus schrie und fuchtelte wild mit den Pfoten, doch Jakob blieb genau vor Elisabeth stehen, setzte sich brav hin und bellte sie auffordernd an. Die Plüschdame griff sich ein Stöck-

chen und schleuderte es, so weit ihre kurzen Ärmchen es erlaubten, durch die Luft. Nach kürzester Zeit tobte sie ausgelassen mit dem Hund über die Wiese. Markus konnte es nicht fassen. Das sollte die gleiche ängstliche Teddybärin sein, die gestern noch vor dem knurrenden Köter gezittert hatte?

Endlich kam Elisabeth schwer schnaufend zurück zu Markus und ließ sich neben ihm ins Gras fallen » Das ist soooo schön – ich liebe die Münchner Freiheit!«

Schließlich überredete sie Martine, eine Extraschleife um den Hügel mit dem Monopteros zu fahren. Doch viel zu früh erklärte diese:

»Ihr Süßen – die Fahrt ist jetzt zu Ende.«

»Was, sind wir denn schon da?«, fragte Markus ungläubig und drehte verwundert den Kopf, bis er den Chinesischen Turm entdeckte.

»Aber hier sind wir falsch!«, verkündete Elisabeth mit bestimmter Miene.

»Wieso falsch?« Martine war ganz selbstverständlich davon ausgegangen, dass Markus und Elisabeth den Biergarten am Chinesischen Turm hatten sehen wollen.

Der kleine feine Unterschied

»Ich will Markus lieber das japanische Teehaus zeigen!«
»Du meinst das Seehaus«, erwiderte Martine. »Aber das liegt noch ein ganzes Stück weiter. – Kommt mal mit, ich habe da eine Idee.«
Im Gänsemarsch steuerten sie auf die Droschken zu, die im Schatten hoher Kastanienbäume warteten.

»Können Sie die beiden bei der nächsten Tour Richtung Seehaus mitnehmen?«, fragte Martine. »Tee-Haus – ich hab' Teehaus gesagt!«, dachte Elisabeth, schluckte ihren Protest angesichts der mächtigen Pferde jedoch runter.

Teddy-Tour-Tipp

Fester Standplatz für Kutschfahrten ist ab Mittag der Chinesische Turm im Englischen Garten. Pro Stunde kostet das Kuschvergnügen (Platz ist für 4 bis 5 Personen) 62 € (auch halbstündige Fahrten sind möglich). Teddybären werden in aller Regel umsonst mitgenommen. **Kutscherei Hans Holzmann, Tel. 0 89/18 06 08.**

Teddy-Tatzen-Tipp

Das japanische Teehaus wurde 1972 von dem japanischen Architekten Mitsuo Nomara erbaut. Es liegt auf einer kleinen Insel direkt hinter dem Haus der Kunst. In den Monaten April mit Oktober kann man dort jeweils am zweiten und vierten Wochenende eines Monats eine einstündige, original japanische Teezeremonie beobachten. (Jeweils 15, 16 und 17 Uhr, Kostenbeitrag inklusive japanischer Süßigkeit und einer Schale Tee 4 €.)

»Ja. Scho'!«, brummte der Kutscher.
»Na, dann kraxelt auf den Kutschbock – oder wollt ihr lieber auf'm Pferd sitzen?« »Ähm, nein, vielleicht lieber nicht.« Ganz so mutig fühlten sich die beiden dann doch nicht. »Vielen Dank, Martine. Es war einfach bärig mit dir.« Markus schenkte ihr zum Abschied eins seiner geliebten Honigbonbons. »Viel Spaß noch, und passt gut auf euch auf!« Markus war glücklich.
»Fahren Sie eigentlich auch am japanischen Teehaus vorbei?«, fragte Elisabeth den Kutscher.
»Freili, für mi is des koa Problem. Schauma halt amoi, wo die nächsten Gäst' hi' woin.«

Eine Familie mit Kindern näherte sich, und als die beiden Jungs die Teddys entdeckten, waren sie total begeistert: »Mama, können wir die

Bären mit zum Seehaus nehmen?« »Wenn sie denn wollen?« Fragend blickte die Mutter die beiden an. »Das ist ganz lieb, aber ich will meinem Freund das japanische Teehaus zeigen.«
»Wie langweilig! Im Seehaus ist das Essen viel leckerer, und außerdem kann man da Boot fahren!«
»Ich muss das Teehaus nicht unbedingt sehen«, fiel Markus auch noch ein. Die Aussicht auf Spiel, Spaß und Schleckereien statt einer traditionellen Teezeremonie erschien auch ihm wesentlich verlockender. Elisabeth gab schließlich auf, und jubelnd erkletterten die Kinder die Kutsche. Fröhlicher Lärm und leckere Düfte kündeten schon von weitem das Seehaus an. Markus und Elisabeth schlugen Purzelbäume, kaum dass sie mit ihren kurzen Beinchen wieder auf dem

Teddy-Futter-Tipp

Das Seehaus bestricht durch seine Lage am Kleinhesseloher See. Unseren Teddys hätte aber auch der **Osterwaldgarten** gut gefallen: Freitags gibt es immer gebackenes Fischfilet. Nur ca. 5 Gehminuten liegt der Osterwaldgarten von der U-Bahn Station Münchner Freiheit entfernt.
Osterwaldgarten, Keferstraße 12,
Tel. 0 89/38 40 50 40, www.osterwaldgarten.de,
tgl. 10–1 Uhr, Biergartenbetrieb nur bis 23 Uhr.

Boden standen. Ausgelassen stürmten sie mit den Kindern vorweg und suchten einen Tisch ganz in der Nähe der Essensausgabe.

Markus ließ sich zu einer Radler-Maß überreden, doch Elisabeth entschied sich für eine Eisschokolade, wenn sie auch nicht so ganz zu dem deftigen Essen passte. Noch damit beschäftigt, sich gegenseitig die Reste der Sparerib-Soße aus dem Pelz zu lecken, wurden die beiden Teddys von den Kindern zum Bootsverleih mitgerissen.

Zwei Stunden später kamen sie aufgeregt zurück – die Plüschbären platschnass. Alle redeten durcheinander, und es dauerte eine Weile, bis klar wurde, was eigentlich passiert war. Die übermütigen Teddys waren einfach vom Tretboot ins Wasser gesprungen, als sie einen Fisch entdeckt hatten.
Lachend ließen sich die beiden den Pelz trocken rubbeln und brummten wohlig, als sie im Vorraum zu den Toiletten unter den Handtrocknern ganz und gar trocken geföhnt wurden. Nach einem herzlichen Abschied und Pfotenschütteln trennten sie sich von der freundlichen Familie.

Süße Erinnerungen

Beschwingt verließen Markus und Elisabeth den Englischen Garten zwischen Mandl- und Biedersteinerstraße.

»Ich brauch' noch was Süßes«, sagte Markus, der heute definitiv zu wenig Honig, Eis oder Schokolade bekommen hatte.

»Da! Markus, da ist ein netter kleiner Laden. Lass uns mal schnuppern, was die so haben.«

Das kleine Geschäft erwies sich unerwartet als Schatzhäuschen. Neben feinen Backwaren gab es jede Menge Brausestangen. »Hier gibt's meine absoluten Lieblings-Brausestangen!«, jauchzte Elisabeth. Markus freute sich mit ihr, wurde aber auch ein bisschen wehmütig, denn Brausestangen mochte auch Christiane besonders gern. Beim Gedanken an sie rollte ihm eine dicke Träne über sein kleines, pelziges Gesicht.

Teddy-Futter-Tipp

In der Bäckerei und dem Stehcafé »Butterbrot« lebt noch die gute alte Zeit. Das wohltuende Ambiente mit viel Holz erinnert an die 1960er Jahre. Dazu noch die verschiedenen Sorten Ahoi-Brause – und prompt fühlt man sich zurück versetzt in unbeschwerte Jugendzeiten.

Butterbrot, Feilitzschstraße 31,
Tel. 0 89/33 25 62, Mo, Di, Do, Fr. 7–18 Uhr,
Mi bis 14 Uhr, Sa 8–13 Uhr.

Tag 4:

Schee war's

- Residenz
- Oper
- Alpines Museum

Wussten Sie, dass Teddybären von Natur aus Harmonie lieben? Im Gegensatz zu Grizzlys, Braun-, Schwarz- und Eisbären, mit denen sie nur entfernt verwandt sind, ist Teddybären Streit und Kampf fast unerträglich. Kommt es dennoch mal zu disharmonischen Momenten, erleben Teddys diese Zeit als extrem lang. Eine in Unstimmigkeit verbrachte Bärenminute entspricht etwa 13,3 Menschenminuten.
Deswegen zog sich der Morgen dieses dritten gemeinsamen Tages für Markus und Elisabeth schrecklich in die Länge. Elisabeth war eindeutig mit der falschen Pfote zuerst aufgestanden und brummte auf dem Weg zum Odeonsplatz knatschig vor sich hin. Als Markus es dann wagte, ohne sie zu fragen, auf die große Kirche zuzusteuern, war es ihr zuviel. Mitten im Gewühl blieb sie stehen und stampfte zornig mit der Tatze auf: »Ich will nicht! Und wenn sie noch so schön honiggelb angemalt ist – ich will nicht in die Kirche. Ich will machen, was ich will – nicht immer nur dir hinterher tappen!«
»Ja, aber – wieso, was ist denn? Ich wollte doch nur …«
»Genau, immer willst du! Und was ich will, ist egal. Wie gestern mit dem japanischen Teehaus.« Völlig verdattert schaute Markus über den Rand seiner Brille auf seine grummelnde Freundin. »Ich dachte, es hat dir auch gefallen am Seehaus und beim Bootfahren?«

»Na ja, schon. Ach Mann, ich weiß nicht, was mit mir los ist. Ich glaub, ich hab einfach Angst, dass ich wieder in meine blöde Vitrine zurück muss und nicht mehr machen kann, was ich will. Und wenn du dauernd entscheidest, was wir machen – dann bestimmt ja auch wieder jemand anderes über mich!«
Markus schluckte. Eigentlich brauchte er jetzt dringend ein Honigbonbon – aber er hatte Angst, dass Elisabeth das auch in den falschen Hals kriegen könnte. Fünf Minuten voller Anspannung verstrichen – also eine gefühlte Teddyzeit von geschlagenen sechsundsechzigeinhalb Minuten! Eine Zerreißprobe für jeden ordentlichen Kuschelbären. Schließlich fingen beide fast gleichzeitig an zu sprechen:

»Und wenn du heute aussuchst, was wir machen?«
»Darf ich heute vielleicht das Programm bestimmen?«
»Ja.« – »Na klar!«
Erleichtert fielen sie sich in die Arme und kraulten sich besänftigend das besonders weiche Fell hinter den Ohren.

Was ist denn das?

Zunächst steuerte Elisabeth den Max-Joseph-Platz, den Vorplatz vor der Residenz, an. Die Sonne schien wunderbar, und auf der Mauer vor dem Eingang war gerade noch Platz für zwei Teddys.
»Äh – darf ich dir was über das Gebäude da erzählen?«, fragte Markus ganz vorsichtig.
»Meinst du die Bayerische Staatsoper dort mit dem von korinthischen Säulen getragenen Giebel? Die von dem berühmten Architekten Leo von Klenze wieder aufgebaut wurde, nachdem sie nur fünf Jahre nach der Erbauung abgebrannt war? – Tja, da staunst du, was? Ich weiß nämlich auch was!«
»Ja Wahnsinn! Aber weißt du auch, dass da ursprünglich mal ein Kloster gestanden hatte und dass das Mosaik im oberen Giebel in der Mitte Pegasus zeigt?«

»Logisch – und ich weiß auch, dass das Staatsballett hier untergebracht ist. Und dass dieses Theater eine der größten Opernbühnen der Welt hat.« Vergnügt kichernd ließen sich die beiden von der Mauer fallen und schlugen zwischen zwei vorbeisausenden Inline-Skatern fröhlich Purzelbäume. »Hupps, wo sind wir denn jetzt gelandet?« Markus, dessen Rolle vorwärts

unsanft von einer Metallstange gebremst worden war, schaute verdattert um sich.
Auf dem Max-Joseph-Platz waren Arbeiter dabei, eine Bühne und eine große Leinwand aufzubauen. Neugierig stapfte Elisabeth auf sie zu, den vom Aufprall noch etwas benommenen Markus an der Pfote hinter sich herziehend. Neben riesigen Lautsprecherboxen blieben sie stehen.
»Gehört ihr zum Vorprogramm?«, wurden sie von einem Mann mit einem Klemmbrett gefragt.
»Wieso, spielt ihr hier den Freischütz?«, fragte Elisabeth frech zurück. »Nein, das nicht. Aber Oper ist schon richtig. Wir machen ›Oper für alle‹. Um 17 Uhr fängt die Show an! Die Oper wird hier ins Freie übertragen, und jeder darf kommen – auch Teddys sind herzlich willkommen.«

Teddy-Tatzen-Tipp

»Oper für alle« ist eine Open-air-Veranstaltung, die allen Menschen Zugang zu klassischem Kunstgenuss verschaffen soll. Mitten im Sommer wird auf dem Max-Joseph-Platz direkt vor der Staatsoper im Rahmen der Münchener Festspiele eine Aufführung live auf Großbildleinwand übertragen. Und damit ›Oper für alle‹ wirklich für alle ist, kostet sie keinen Eintritt.
Mehr Informationen unter: **Bayerische Staatsoper, Max Joseph-Platz, Tel. 0 89/21 85 01, www.bayerische-staatsoper.de**

Fische fangen will gelernt sein

Elisabeths leichtes Federn in den Knien war ein untrügliches Zeichen dafür, dass ihre gute Laune wieder völlig hergestellt war. »Heute Abend machen wir in Klassik!« Aber bis dahin war noch Zeit für weitere Bär-kundungen. Markus wagte einen Vorschlag:

»Was hältst du davon, wenn wir die nächsten Stunden an der Isar verbringen? Das ist nicht weit von hier, und wir können rechtzeitig zurück sein.«

Markus machte diesen Vorschlag nicht von ungefähr, denn er wollte Elisabeth mit seinen Fischfangfähigkeiten beeindrucken. Es war zwar lange her, dass er bei seinem Onkel Gildehard Günsburg das Lachsfangen gelernt hatte, aber so was verlernt ein Plüschbär nicht.

Mit der Tram Nr. 19 fuhren sie die elegante Maximilianstraße entlang und erreichten in Nullkommanix das Isarhochufer hinter dem Maximilianeum. Der imposante bayerische Landtag interessierte das Bärenpaar jedoch nicht die Biene. Es war eindeutig die Isarböschung, die die Herzchen der beiden Plüschtiere schneller schlagen ließ.

Teddy-Futter-Tipp

Falls das Anglerglück mal nicht lacht, lassen Sie sich im Restaurant Albarone köstlichen Fisch servieren. Das italienische Restaurant befindet sich in einer Seitenstraße der Maximilianstraße Es ist nicht ganz billig, aber in jeder Beziehung seinen Preis wert.
Ristorante Albarone, Stollbergstraße 22, Tel. 0 89/29 16 86 87, Mo–Fr 12–1 Uhr, Sa 18.30–1 Uhr.

»Da geht's ganz schön steil runter.« Fast ehrfürchtig standen Elisabeth und Markus einige Minuten oben am Hang, bis sie sich wortlos einig waren: Mit einem Luftsprung rollten sie sich ein und kugelten übermütig bergab.
»Das waren mindestens 30 Bären-Purzelbäume!«, rief Markus, als sie endlich unten angekommen waren. Und während sich Elisabeth noch die Blätter aus dem Fell zupfte, war Markus schon dabei, die kleinen Forellen in Ufernähe mit seinen Blicken zu verfolgen. Mit einem Geschick, das nur kleine Bären entwickeln können, robbte er entlang einer ausladenden Baumwurzel, die über den Fluss ragte. Elisabeth hielt gebannt die Luft an, als sie die wagemutige Aktion beobachtete. Mit den Beinen fest an der Wurzel verkrallt, holte Doktor Petz kühn mit einer Tatze aus, um einen Fisch aus den Fluten zu greifen. Die flinken

Isarfische ließen sich aber nicht so leicht angeln wie die vollgefressenen Seefische, die Markus als Kind gefangen hatte. Nach einer halben Stunde gab er entnervt auf und robbte zu einer breit grinsenden Elisabeth zurück. »Du hast fast so eindrucksvoll am Baum gehangen wie Tarzan«, lästerte sie, fügte aber gleich tröstend hinzu: »Auch wenn du keinen Fisch gefangen hast, bist du für mich der Beste!« Das war Balsam für die verwundete Teddyseele – dieses Kompliment wog den Misserfolg allemal auf.

Kletterkunst an den Boulders

»Klettern würde ich ja auch gerne, aber so wie du vorhin traue ich mich nicht über's Wasser rauszurobben. Hier ganz in der Nähe ist das Alpine Museum. Lass uns doch dort hingehen, um ein bisschen Bergwelt zu schnuppern.« Markus musste nicht lange überredet werden. Auf dem Weg dorthin murmelte er zwar noch etwas von »ungünstiger Strömung und optischer Täuschung durch Lichtbrechung des Wassers«, aber bald schon holte ihn seine naturgegeben frohe Plüschbärenlaune wieder ein.

Hüpfend und Arme schlenkernd erreichten Markus und Elisabeth kurze Zeit später das Museum. »Schau dir diese Bilder an!« Elisabeth war ganz verzückt von der Sonderausstellung »Berge im Kasten«, aber Markus war schon auf der Suche nach Klettergelegenheiten.
»Wo sind denn hier die alten Berge?«
»Alte Berge??« Der Museumsaufseher war verwirrt.
»Naja – das ist doch ein Museum, da müssen Sie doch uralte Sachen ausstellen! Aber wenn Sie keine haben, machen Sie sich nichts draus, ich nehm' auch was Jüngeres zum Klettern. Berg bleibt Berg.«
Jetzt musste der Aufseher doch schmunzeln. Er führte Markus zu den ›Boulders‹, einem Bereich

Teddy-Tour-Tipp

Das Alpine Museum ist wunderschön auf der Praterinsel und an der Isar gelegen. Die Bergwelt wird aus verschiedenen Blickwinkeln dargestellt. Mal historisch, mal technisch, mal mystisch und – selbstverständlich – auch natürlich. Die Sonderaustellungen sind besonders erwähnenswert, »Berge im Kasten« zum Beispiel – Fotografien von 1870–1914.
Alpines Museum des DAV, Praterinsel 5, Tel. 0 89/21 12 24-0, www.alpenverein.de, Di–Fr 13–18 Uhr, Sa, So 11–18 Uhr, Eintritt 3 €, ermäßigt 2 €.

mit großen Steinen, die sich wunderbar erkraxeln lassen. Stolz wie die Bergkönige thronten die Teddys auf dem größten Felsbrocken und blinzelten vergnügt in die Nachmittagssonne.

Der krönende Abschluss

»Hey Markus – es wird Zeit.« Elisabeth hatte die Glockenschläge der nahen Lukaskirche gezählt. »Es ist schon vier Uhr. Wir müssen uns beeilen, wenn wir noch pünktlich zur ›Oper für alle‹ kommen wollen!« Gerade noch rechtzeitig erreichten die beiden den Max-Joseph-Platz und drängelten sich nach vorne. Schließlich erklommen die frisch diplomierten Alpinkletterer den Deckel einer städtischen Streusandkiste und kuschelten sich erwartungsvoll aneinander. Als der berühmte Dirigent Kent Nagano den Taktstock ergriff und im Orchester die ersten Töne erklangen, drückte Elisabeth die Tatze von Markus so fest, dass der erschrocken aufbrummte.
»Ich liebe diese Stadt«, schwärmte Elisabeth, und auch Markus wippte selig im Takt mit den Füßen. Die Zeit verging wie im Traum, und noch eine ganze Weile nach dem Ende der Aufführung saßen die beiden wie verzaubert auf der Sandkiste und lauschten den verklungenen Tönen nach. Erst als es ganz still geworden war, machten sie sich mit wiegenden Schritten auf den Weg zu ihrem Teddyapartment in der Glückstraße.

Tag 5:

Abgestrampelt

- Isar-Radweg
- Flaucher
- Floßlände
- Hofbräuhaus
- Hard Rock Café
- Ledererstraße

Schon früh trollten sich die Bären Richtung Isarufer. An der Maximiliansbrücke hatten sie tags zuvor den Fahrradweg entlang der Isar erspäht, und den wollten sie heute Richtung Süden erkunden – per Anhalter!
»Markus, gibst du mir meinen Krapfen aus dem Frühstücksbeutel?« Verlegen zog Doktor Bär das angebissene Gebäck aus der Papiertüte. »Ich hab ihn nur für dich probiert«. stotterte er und ließ beschämt die Ohren hängen. »Na warte! Dafür musst du uns jetzt die Mitfahrgelegenheit organisieren!«

Fahrer gesucht

Elisabeth setzte sich mit ihrem Krapfen auf einen Isarkiesel und beobachtete die vorbeirasenden Radler. »Die sind wohl auf dem Weg zur Arbeit«, überlegte sie. Doch da fiel ihr ein, dass sie im Museum oft gehört hatte, wie ungern die Menschen zur Arbeit gingen. »Warum rasen sie dann so? Das sieht ja aus, als wären sie auf der Flucht.«
In der Zwischenzeit hatte Markus Erfolg gehabt. Ein junger Mann mit Mountainbike trug ihn auf dem Arm durchs hohe Gras. Bei Elisabeth angekommen, sprudelte der Doc hochgemut heraus: »Darf ich vorstellen: Das ist Steffo, der heute frei hat und uns auf diesem schnittigen Flitzer zu einem Ausflug durch die Isarauen mitnimmt! Na, ist das nicht klasse?!« Markus' Teddybrust

schwoll vor Stolz derartig, dass die Nähte bedenklich ächzten. Steffo setzte den kleinen Angeber ins Gras, beugte sich mit seinen ganzen 1,85 m zu der Bärendame hinunter und schüttelte ihr die Pfote. »Grüß Gott, verehrte Elisabeth. Ihr Begleiter hat mir in den wenigen Minuten schon viel von Ihnen erzählt. Es wäre mir eine Ehre, wenn ich Sie heute die Isar entlang fahren dürfte.« Markus schüttelte verwirrt den Kopf, doch Elisabeth war tief beeindruckt von der höflichen Ansprache. »Oh! Sie haben aber ein tolles Benehmen! Im Gegensatz zu anderen … Ich sag nur: Krapfen.«

Eine Radtour vom Feinsten

Steffo setzte die beiden Bären in ein Körbchen. »Ihr seid ja beide schlank, und so seht ihr viel mehr, als wenn ich euch in den Rucksack stecken würde.« Rucksack! Bei dem Gedanken sträubten sich Markus die Fellhaare. Zu frisch war die Erinnerung an seinen Sturz aus so einem Ding. »Das passt schon so!«, beeilte er sich zu versichern, und auch als Elisabeth ihn grinsend aufforderte: »Los, zieh mal deinen Bauch ein – du voll gefressener Krapfenräuber!«, nahm er es mit Humor.

Südlich der bunt bemalten Brudermühlbrücke kamen die Sandbänke des Flaucher zum Vorschein. »Hast du die Jongleure gesehen? Und da, der Junge lässt ein Boot ins Wasser und – ooh!

Einfach mal losradeln!

Teddy-Tour-Tipp

Räder gibt's bei »Spurwechsel«. Dort bietet man auch geführte Radltouren an, z. B. die NaTour, BierTour oder Isartour. Das Internet verrät mehr. Die Stadtführung mit dem Fahrrad gibt es ohne Voranmeldung. Start ist von April bis Oktober, jeden Freitag, Samstag, Sonntag und Feiertag jeweils um 11.15 Uhr in München am Marienplatz beim Fischbrunnen (ca. 2 Std., 14,50 € inklusive Leihrad).
Spurwechsel, Tel. 0 89/6 92 46 99, www.spurwechsel-muenchen.de

Hier, hier!« Elisabeth zog Markus am Plüschohr, um seinen Blick in die richtige Richtung zu lenken. »Hier muss ein Kiosk in der Nähe sein, die Kinder haben alle ein Eis! Ich will auch eins!«
»Wir machen später Pause, gnädige Frau.« Steffo zischte mit unvermindertem Tempo an der Eisbude vorbei. Nach einer sanften Flussbiegung kündigte sich der Tierpark Hellabrunn an – den beiden Plüschbären kräuselte sich das Fell über der Nase, als sie den Geruch der Wildnis witterten.
»Hier gibt es Ziegen, Giraffen, Affen, Fische, Pinguine – und echte Bären«, berichtete Steffo.
»Hältst du uns etwa für unecht? Bloß weil wir nicht so elend stinken?!« Elisabeth und Markus ließen ein beleidigtes Brummen hören, ver-

stummten aber, als das Brüllen der Löwen vom Zoo herüberschallte. »Sind die immer so laut?«
»Nein, nur wenn sie Hunger haben!«
»Hunger! Wann machen wir endlich Pause? Ich hab' schon ein ganz hohles Gefühl im Bauch.«
»Da vorne kommt die Großhesseloher Brücke. Sie war einmal die höchste Eisenbahnbrücke der Welt. Auf der anderen Seite liegt die ›Floßlände‹, da kehren wir gemütlich ein.« Als Steffo über die polternden Bohlen der Schwindel erregend hohen Brücke radelte, klammerte sich Elisabeth an Markus und hielt sich mit seiner Krawatte die Augen zu. »Ich bin nicht schwindelfrei«, murmelte sie. »Jetzt ist mir nicht nur vor lauter Hunger so komisch im Bauch.«
»Hier, nimm ein Honigbonbon.« Dr. med Markus nahm vorsichtshalber selbst auch gleich eine seiner bewährten Beruhigungspillen.

Hőr mal, was da brummt

»Das Gasthaus mit Biergarten ist gleich um die Ecke, du brauchst gar nicht so demonstrativ zu brummen, Markus.« »Das ist mein Magen, der so laut knurrt!«

Auch Steffo freute sich jetzt auf ein schönes Helles. Der Wirtsgarten war schon ordentlich besucht, und es dauerte eine Weile, bis die drei Radwanderer ihre Maß und den bär-führerisch duftenden Fisch vor sich hatten.

Teddy-Futter-Tipp

Die Floßlände ist ein wirklich gutes Fischrestaurant mit Biergarten-atmosphäre. Hier schmeckt der Fisch noch nach Fisch, und die Preise sind auch für Kleinbären erschwinglich. Dafür nimmt man dann auch die manchmal längeren Ansteh- und Wartezeiten in Kauf.
Floßlände, Zentralländstraße 30,
Tel. 0 89/74 29 97 15,
Di–Sa 17–1 Uhr, So 12–1 Uhr; Anfahrt: U3 bis Thalkirchen, von dort aus 5 Minuten zu Fuß.

»Jetzt ein Stündchen auf einer Sandbank am Flaucher...« Gesagt, getan. Eine schattige Stelle war schnell gefunden. Das leise Schnarchen der Teddys war für die nächsten Stunden das einzige Lebenszeichen, und erst als der Schatten wanderte und Sonnenstrahlen die Bärennasen kitzelten, wachte Markus auf.
Nach und nach berappelten sich die drei und machten sich auf den Weg zurück Richtung Innenstadt. In der Orlandostraße setzte Steffo

das Teddypaar direkt vor dem Hofbräuhaus ab. »Was haltet ihr davon, wenn wir bald wieder was zusammen unternehmen?« Steffo war wirklich ein bäriger Kumpel. »Ich hab gerade mein Studium beendet – Marketing mit Schwerpunkt Medien und Events – und bin jetzt auf Arbeitssuche. Das heißt, ich habe jede Menge Zeit.«

»Das wär' toll – es war so ein schöner Tag mit dir!« Markus steckte den Zettel mit Steffos Telefonnummer in seine Jeansjacke und winkte ihm noch lange hinterher.

Zwei Spürnasen auf der Touri-Spur

Im Hofbräuhaus war der Bär los. »Die sind ja alle schon drüber!« Elisabeth zupfte Markus am Fell und zeigte auf einen sichtlich angetrunkenen Touristen, der mit verklärtem Blick zu den volkstümlichen Weisen der Kapelle hin und herschwankte.

»Bloß raus hier, das ist nix für uns.«

»Puuh!« – Der Bär fächerte sich draußen frische Luft um die empfindliche Bärennase. »Elisabeth, schau! Sollen wir da drüben ins Hard-Rock-Café gehen?«

»Au ja! Da gibt's bestimmt Erd-Bär-Cocktails!« Auch die hier ausgestellten Kultgegenstände

berühmter Rockstars lockten die beiden. Zielstrebig taperten sie durch's Lokal bis zur Rückwand: »Der Anzug von George Harrison! Und der Beatles-Song ›Don't let me down!‹ Oh, Mann!« Elisabeth war einer Bärenohnmacht nahe.
»Komm, darauf müssen wir einen trinken.«
Doch an der Theke standen sie vor einem Problem: »Es kann doch nicht so schwer sein, auf einen Barhocker zu kommen. Wir kraxeln einfach die Stange rauf.«

Elisabeth hatte es eilig – »Erd-Bär-Cocktail« klang einfach zu verlockend. Plötzlich hörte Markus sie rufen: »Hilfe!«. Sie hatte sich bis auf drei Viertel der Barhockerstange hinaufgezogen – und jetzt gingen ihr die Kräfte aus. Die Bärin rutschte im Sausewind ab, donnerte durch die Fußablage und plumpste unsanft auf den Boden. Besorgt rannte Markus zu ihr.
»Gott – du qualmst ja. Dein Fell hat sich entzündet!« Markus klopfte wie wild auf Elisabeths Bauch, um den Schwelbrand zu löschen.
»Aua! Das tut weh! Bist du irre?«
Entschlossen packte Markus seine Elisabeth bei der Pfote und verließ mit ihr fluchtartig das Lokal. Draußen bogen sie in die bedeutend ruhigere Ledererstraße ein.

A Ruah is

»Ich glaub', mich laust der Affe!«
»Nein, hier brennt ein Bär.« Markus war gereizt – manchmal waren die Kommentare von Menschen einfach zu blöd. Der Mann an der Ladentür des »Shirokko« erwies sich dann aber doch als sehr nett und hilfsbereit.
»Kommt erst mal rein. Das Problem haben wir schnell gelöst.«
In dem wunderschönen Musikgeschäft half der Mann ihnen auf eine Bank mit bunten Sitzkissen, brachte ein Glas Wasser für Elisabeth und legte entspannende Chill-Out-Musik auf. Bei einem Streifzug durch die Welt der Musik vergaßen die beiden die Aufregungen von Hofbräuhaus und Hard-Rock-Café völlig.

So entspannt und versöhnt mit der Welt folgten sie dem Rat des Ladenbesitzers und steuerten den nahe gelegenen Schokoladen an. Ein verheißungsvoller Duft von Zartbitter empfing sie bereits am Eingang, und es dauerte nicht lange, bis sich Markus mit einer Schoko-Zigarre und Elisabeth mit einem Schoko-Bier ins Land der herbsüßen Seligkeit träumten. Bis nach Ladenschluss dauerte die Führung durch den Schokohimmel. »Sollen wir für heute Abend noch ein paar heiße Chili-Schokobohnen einpacken? Oder lieber kühles Schokomint?« »Wenn du mich so fragst, meine liebe Elisabeth – nehmen wir doch einfach beides!«

Teddy-Tatzen-Tipp

Der Abstecher in die Ledererstraße lohnt sich in vielerlei Hinsicht, denn die ist wirklich Teddy-Tatzen-würdig. Hier erwarten den Besucher originelle und abwechslungsreiche Geschäfte – abseits des Massenrummels.

- Stilvoll gelagert in alten Kolonialschränken warten Schokoladenspezialitäten auf Liebhaber.
Schokoladen, Ledererstraße 10, Tel. 0 89/24 20 56 90, www.stolberg-schokoladen.de, Mo–Fr 10–20 Uhr, Sa 10–19 Uhr.
- Das »Shirokko« ist ein hervorragend sortierter CD-Laden mit Schwerpunkt Jazz, Lounge und Weltmusik.
Shirokko, Ledererstraße 19, Tel. 0 89/29 71 21, www.shirokko.de, Mo–Fr 10–20 Uhr, Sa 10–18 Uhr.
- Im »Zerwirk« kommen sogar Bären auf den veganen Geschmack.
Zerwirk, Ledererstraße 3, Tel. 0 89/23 23 91 95, Mo–Sa 11–1 Uhr.

Tag 6:

Hier geht der Bär ab

- Olympiapark
- Fernsehturm
- Tollwood

»Müssen wir unbedingt U-Bahn fahren? Ich hasse dieses Gedrängel und Gerenne, die langen Rolltreppen und den Spalt zwischen Bahnsteig und Waggon!«
»Ach, Elisabeth, jetzt übertreib' mal nicht – auf dem Handlauf der Treppe war es doch letztes Mal ganz lustig. Und es ist der schnellste Weg zum Olympiapark.«
Die U 3 war gut besetzt, und die zwei Kuscheltiere fanden schnell eine hilfreiche Hand, die sie auf ein freies Eckchen einer Sitzbank hob. Aufmerksam verfolgte Elisabeth die Namen der Haltestellen. Als immer mehr Fahrgäste die Bahn verließen, wurde sie unruhig: »Bist Du sicher, dass wir noch richtig sind?« »Klaro! Ich hab den gesamten MVG-Plan auswendig gelernt!« Markus klopfte sich wie Tarzan auf die Brust und zwinkerte Elisabeth über den Brillenrand aufmunternd zu.
Schon wenige Minuten später hatten sie ihr Ziel erreicht. An der Oberfläche angelangt, konnten sie sich leicht am hoch aufragenden Fernsehturm orientieren. »Da geht's lang. Soll ich dir unterwegs erzählen, was ich alles über den Fernsehturm weiß?« Doktor Markus war wieder mal in seinem Element: »Über ein Jahr bevor es den Menschen gelungen ist, den Mond zu betreten, haben die Münchner 1968 bereits diesen Turm vollendet. Wenn du mutig genug bist, dann können wir nachher aus knapp 200 Meter Höhe

auf München und Umgebung runterschauen! Bei diesem Wetter sehen wir garantiert bis zu den Alpen.« Elisabeth fand im Moment die saftigen Rasenflächen viel interessanter und tobte vergnügt durch's Grüne. Markus dozierte indes weiter und erzählte von 291 Meter Gesamthöhe, einem Dreh-Restaurant und einer neuen DVB-T-Antenne. »Es ist ja bewundernswert, was du alles weißt, Herr Doktor – aber siehst du eigentlich vor lauter Fakten noch die schöne Landschaft?«, frotzelte Elisabeth. Übermütig kletterte sie auf der Brücke über dem Mittleren Ring am Geländer hoch und begann, den Autofahrern zuzuwinken.

»Schau, die Kinder in dem Bus winken uns zu!«
»Ja, sehr nett. Aber komm jetzt weiter.« Vergnügt wieselte Elisabeth neben dem heute so überaus vernünftigen Markus an der renovierten Olympia-Schwimmhalle vorbei bis zum Turm.

Auffahrt für Teddys frei

»Hier auf der Infotafel steht, dass der Lift mit sieben Meter pro Sekunde unterwegs ist. Das ist aber arg schnell.« Elisabeth schauderte bei dem

Gedanken, wie eine Rakete nach oben zu sausen. »Jetzt bekomm' keine kalten Tatzen, ich bin ja bei dir. Oben gibt es bestimmt auch Eis«, lockte Markus, der sich mit Elisabeth im Schlepptau geschickt an der langen Schlange vorbei nach

vorne mogelte, um seiner leicht eingeschüchterten Teddybärin nicht zu viel Zeit zum Überlegen zu lassen. »Gibt es nicht vielleicht doch eine Treppe?«, wollte sie gerade fragen, als sich die Lifttür vor ihnen öffnete und die Reihe der Wartenden sie einfach mit in den Aufzug schob. Glücklicherweise hatte der Aufzugchauffeur die beiden Bären entdeckt und auf den Arm genommen, während er das Wichtigste über den Turm erläuterte. Schon nach dreißig Sekunden war die Fahrt zu Ende – Elisabeth hatte gar keine Zeit für Panik gehabt. Im wettergeschützten Besucherrundgang entdeckte Markus eine Treppe, die noch weiter nach oben führte. Mutig krabbelten die beiden hinauf und standen plötzlich im Freien. »Hier pfeift einem der Wind aber mächtig durch's Fell! Um Himmels willen, Markus, lass bloß nicht meine Pfote los, sonst weht's mich noch davon.« »Die Häuser sehen von hier oben wie Spielzeug aus und die

Menschen wie Ameisen. Sieh' mal, meine tapfere Frau Knopfauge, da muss unser Apartment sein, direkt neben der Frauenkirche mit ihren zwei Türmen.«
Elisabeths Blick ging weiter in die Ferne. »Was ist das da im Süden für ein blauer zackiger Streifen? Ist dort das Ende der Welt?« Markus schmunzelte. »Das sind die Alpen, das höchste Gebirge Europas – aber nicht das Ende der Welt.« Der böige Wind frischte auf, und die beiden Bären krallten sich mit allen vier Pfoten am Geländer fest. »Ich will jetzt das versprochene Eis!« Der verglaste Rundgang eine Etage tiefer bot noch zwei weitere Vorteile: Er war windgeschützt, und alle Sehenswürdigkeiten waren direkt auf der Glasscheibe markiert und bezeichnet. Erst nach einer geschlagenen Stunde verließen die beiden Bären den Turm – rundum gebildet.

Teddy-Tatzen-Tipp

Bei gutem Wetter ist die Sicht vom Olympiaturm gnadenlos gut. Hier oben auf einem der höchsten Türme Europas ist von dem Trubel der Großstadt nichts mehr zu spüren. Da kann Bär tief durchatmen und sich ganz groß vorkommen.
Tgl. 9–24 Uhr (letzte Auffahrt 23.30 Uhr), Eintritt 4 €, ermäßigt 2,50 €, www.olympiapark-muenchen.de

Das ist mir Wurst!

»Und wo gehen wir jetzt hin?«, fragte Elisabeth, mit festem Boden unter den Tatzen gleich wieder viel unternehmungslustiger.
»Abwarten«, gab sich Markus geheimnisvoll. Der Bärendoktor hatte gestern im Musikladen »Shirokko« gehört, dass im Olympiapark die »Tolle Wurst«-Zeit angebrochen sei. So recht konnte er sich darunter zwar nichts vorstellen, doch hörte es sich ausgesprochen verheißungsvoll an. Im südlichen Olympiapark angekommen, brachten der Riesenbazar und die Musik aus verschiedenen Zelten unsere Zwei sofort in überschäumende Bärenstimmung. Und Wurstbuden gab es hier in der Tat mehr als genug.
»Was für ein Paradies!« Markus musste sich unentwegt mit seiner Zunge die Nase befeuchten, die eine deutliche Currywurstfährte aufgenommen hatte. »Kein Wunder, dass das ›Tolle Wurst‹ heißt.« Markus hielt die ganze Zeit Elisabeths Tatze fest, damit sie ihm im Getümmel nicht verloren ging.
»Da ist ein Kinderwagen mit leerem Unterkorb! Den nehmen wir!«, rief Elisabeth, riss sich von Markus los und sprang auf. Der Kinderwagen setzte sich plötzlich in Bewegung, und der verdutzte Markus stand einfach nur da.
»Los, lauf, das schaffst du noch!«
Er schaffte es gerade noch – mit einem ausgesprochen gewagten Sprung.

Als die beiden Teddys von der Intensität des Wurstgeruchs fast schon betäubt wurden, verließen sie ihre bequeme Bärenkutsche.
»So 'ne Wurst wär' jetzt grad recht.«
Auch Elisabeths Teddyschnäuzlein triefte vor lauter Appetit.
»Oben an den Wurstgrill kommen wir aber nie und nimmer ran.«
»Das stimmt, aber schau mal da, Markus!«
Direkt vor ihnen lief ein etwa vierjähriges kleines Mädchen, in der Hand eine Riesenwurst in der Semmel. »Die schafft sie doch nie alleine!«
Elisabeth und Markus verstanden sich ohne Worte, und während Elisabeth das Mädchen ablenkte, stibitzte Markus ihr die Hälfte der Wurst aus der Semmel.

Hinter dem nächsten Stand trafen sich Bonnie und Clyde wieder und vertilgten genüsslich ihre Beute.
»Tolle Wurst«, sagte Markus, der in diesem Augenblick vollkommen nachvollziehen konnte, warum das Festival so hieß.
Zufrieden und satt wackelten Herr und Frau Plüschbär noch gut drei Stunden weiter.
Dann ging beim besten Willen nichts mehr.

Teddy-Tour-Tipp

Von Mitte Juni bis Mitte Juli
ist Tollwood-Zeit – oder auf Teddisch »Tolle Wurst«-Zeit: Das Kulturfestival im Olympiapark Süd war ursprünglich ein kleines lokales Fest, doch mittlerweile zieht sowohl das Sommer- wie auch das Winter-Tollwood (Dezember) rund zwei Millionen Besucher jährlich aus der gesamten Bundesrepublik und ganz Europa an.
Tollwood, Infos: Tel. 0 89/3 83 85 00, www.tollwood.de

Sie schafften es gerade noch, eine der knallgelben Fahrrad-Rikschas zu erklettern, bevor sie vor Erschöpfung umfielen.

Auszeit

Doch schon nach wenigen Metern war die Fahrt zu Ende. Der Fahrer hatte nur den Parkplatz gewechselt – aber der lag günstig an einem grünen Hang. »Markus, ich kann nicht mehr«, sagte Elisabeth. »Alles klar, mein Bärchen – wir bleiben einfach hier im Gras.« Markus schob seine Partnerin sanft bergan, bis sie ein schönes, sonniges Plätzchen oberhalb des Getümmels und direkt neben einem sympathischen Menschenpaar fanden.
»Wir müssen uns ein wenig erholen von dem Rummel da unten«, erklärte Markus.

»Hat es euch denn gefallen auf dem Tollwood?« Der Mann sprach jedes Wort betont deutlich aus. Er war wohl nicht sicher, ob die beiden Bären ihn verstehen konnten.
»Tollwood?«, erwiderte Markus, dem klar wurde, dass die »Tolle Wurst« ein bärenspezifisches Missverständnis war.
Elisabeth hatte sich mittlerweile lang hingestreckt und reckte ihre wunden Pfoten in die Luft.
»Ich schau mir deine armen Tatzen mal an. Oh weh, du hast sie dir ja richtig wund gelaufen.«
Nachdem Markus begonnen hatte, die Steinchen einzeln und ganz vorsichtig aus Elisabeths Pfoten zu entfernen, dauerte es keine fünf Sekunden, bis die Bärin selig eingeschlafen war.
»Alles in Ordnung, oder kann ich helfen?« Die Frau hatte die beiden Teddys aufmerksam beobachtet und offenbar Mitleid mit der fußkranken Bärin.
»Oh, vielen Dank, sie ist nach dem vielen Hin- und Herlaufen müde und wohl auch etwas fußlahm. Vielleicht wäre vorhin ein Eis für die Füße besser gewesen als eine Wurst für den Bauch.«
»Menthol-Kompressen wären jetzt ideal, aber vielleicht hilft auch das hier.«
Markus freute sich über die Hilfsbereitschaft und nahm das angefeuchtete Taschentuch dankend an. Als sie es auf Elisabeths heiß gelaufene Pfoten legten, vernahmen sie ein leises, aber eindeutiges Zischen.

Hollywood ruft

»Oh, Entschuldigung. Ich habe mich ja noch gar nicht vorgestellt. Mein Name ist Markus – Dr. med. Markus.«
Markus liebte es, sich so vorzustellen. Es klang so nach »Bond – James Bond«.
»Ich bin Moni, und das ist mein Freund Sebastian. Sagt mal – seid ihr für das Tier-Casting in den Bavaria Filmstudios hier in München?«
»Tier-Casting, was ist denn das?«
»Ich arbeite in einer Werbeagentur, und wir suchen dringend noch ein Bärenpaar für eine Filmrolle. Ihr solltet morgen unbedingt zu den Probeaufnahmen kommen!«
»Eigentlich haben wir was anderes vor, aber gibt's da was Leckeres zu essen?«
»Na klar, da geht morgen der Bär ab! Und es gibt selbstverständlich auch ein komplettes Bären-catering.«
Casting, Catering ... Markus verstand nur noch Bahnhof. Aber irgendwie hörte es sich ausgesprochen viel versprechend an. »Okay – dann kommen wir.« Moni freute sich sichtlich und gab Markus alle wichtigen Informationen zum Treffpunkt, bevor sie gingen.
Als Moni und Sebastian außer Sichtweite waren, merkte auch Markus, wie erschöpft er war. Er kuschelte sich an das weiche Fell von Elisabeth und träumte davon, als Balu, der Bär, im »Dschungelbuch« mitzuspielen.

Tag 7:

Alles nur Show

- Bavaria Filmstadt
- Münchner Freiheit
- Leopoldstraße

»Eine halbe Million! Jedes Jahr!« Markus staunte über die Besucherzahlen der Bavaria Filmstadt, die er aus einem Info-Blatt vorlas, während sie in der Glückstraße beim Frühstück

saßen. »Vergiss dein Rosinenbrötchen nicht.« Elisabeth liebte Rosinenbrötchen von ganzem Herzen, hatte ihres dick mit Butter bestrichen und tunkte es in den dampfend heißen Kakao – das Leben war einfach köstlich!

Der Tag kann kommen

»Na dann – auf zu den Bavaria Filmstudios!« Die Tür ihres Apartments fiel ins Schloss, und die beiden machten sich auf den Weg.
Direkt am Eingang der Filmstadt stand Rolli: »Hallo und herzlich willkommen in der Bavaria Filmstadt.« »Hallo, ich bin Markus, ein Bär aus Aschau. Aber was stellst du denn dar?«
»Ich bin eine riesige Filmspule auf Beinen und bin hier zum Empfang der Besucher angestellt.«
»Bär im Himmel – wer hat sich denn so was ausgedacht.« Mit einer Mischung aus Mitleid und Entsetzen betrachtete Elisabeth das seltsame Ding. »Können wir was für dich tun?«

Rolli versuchte zu lächeln, soweit das sein Kamera-Gesicht zuließ. »Aber liebe Bärendame, das ist mein Text: Kann ich euch helfen?«
»Uns? Ja, schon. Wir suchen den Weg zum Bären-Casting.«
»Na klar, das hätte ich mir auch denken können. Da entlang, einfach geradeaus.«
»Danke und tschüß Rolli, vielleicht sehen wir uns ja mal wieder.« Auch Markus tat das seltsame Geschöpf leid. Aber jetzt war keine Zeit für Sentimentalitäten – Elisabeth und Markus drehten sich um und stapften entschlossen in Richtung »Geradeaus«.
»Also, so langsam krieg' ich Lampenfieber – bist du denn gar nicht aufgeregt?« Selbstsicher schüt-

Spannende Unterhaltung in der Filmstadt

Teddy-Tour-Tipp

Requisiten aus den Filmen »Das Boot«, »Momo« oder »Der Schuh des Manitou« sind bei den Führungen zu sehen, Stunt-Show und 4-D-Kino sind nichts für schwache Nerven.

Bavaria Filmstadt, Bavariafilmplatz 7, www.filmstadt.de, tgl. 9–16 Uhr (im Winter ab 10 Uhr), Kombiticket 19 €, Kinder 15 €, für Geburtstagskinder frei; Anfahrt: Straßenbahn Linie 25 Richtung Grünwald bis Bavariafilmplatz.

telte Markus den Kopf, aber ganz konnte er ein nervöses Kribbeln im Bauch doch nicht unterdrücken.
»Guck mal, da hinten winkt uns jemand.«
Markus und Elisabeth wurden von einer freundlichen Betreuerin in Empfang genommen. Sie wusste genau, was Bären zur Beruhigung brauchen, bot ihnen wahlweise Nougatpralinen oder Marzipankugeln an und gab ihnen auf dem Weg zum Castingstudio die wesentlichen Hintergrundinformationen.

»Hi, kommt rein. Ihr müsst Elisabeth und Markus sein. Moni hat gestern angerufen und euch angemeldet. Ich bin Tom und führe heute das Casting durch. Ihr seid gleich dran. Sorry, heute läuft alles ein bisschen holprig, weil uns ein Produktionsleiter fehlt. Schaut doch schon mal in euren Text rein.«
Markus war als Erster dran.
»Ton an, Kamera läuft – uuund bitte.«
Herr Doktor Bär machte seine Sache perfekt. Er ging auf die Kamera zu, brummte ordentlich hinein und sagte seinen Text. Elisabeth sollte

laut Regieanweisung möglichst sportlich auftreten. Sie hatte ihr Spitzenkräglein abgenommen und legte eine perfekte Rolle vorwärts hin, bevor sie, lässig mit den Ohren wackelnd, in die Kamera sprach. »Wunderbar – alles im Kasten. Ihr beiden wart super! Ruft mich in ein paar Tagen an, dann kann ich euch sagen, ob ihr die Rolle habt. – Ach, nehmt euch noch von den Süßigkeiten, die sind ja eure Gage. Und schaut euch doch den Filmpark in aller Ruhe an, wenn ihr Lust habt.«

25 Jahre – alles nur Show

Es war gerade mal halb 12 Uhr, als Markus und Elisabeth voll gepackt mit Pralinen durch die Filmstadt schlenderten und sich mit ihren VIP-Besucherkarten schon jetzt wie Filmstars fühlten. »Was ist denn das für ein Lärm?« Es knallte und krachte so laut, dass sie erschrocken hinter einer Mülltonne in Deckung gingen.
»Das ist eine Stunt-Show. Alles nicht echt. Kommt rein und schaut sie euch an.« Rolli war wieder da und klärte Markus und Elisabeth auf. Im Nu saßen die zwei Plüschbären im Zuschauerraum und trauten ihren Knopfaugen nicht. Brennende Menschen liefen um ihr Leben, und andere fielen einfach so von den Hausdächern. Sie waren mitten in eine unheimlich wirklichkeitsnahe Gangsterjagd im nächtlichen New York geraten. Vor Aufregung noch zitternd und mit gesträubtem Kuschelfell kamen sie wieder

ans Tageslicht. »Ich hab ganz weiche Knie.« Elisabeth legte sich platt auf den Boden und presste die Pfoten an die Stirn.

»Ich weiß ja, dass das alles nur Show war – trotzdem. Sind die wahnsinnig? Meinst du, wir müssen auch so was machen, wenn wir für den Bärenfilm ausgesucht werden?«

»Wie viele Nougatpralinen man wohl für so einen gefährlichen Auftritt bekommt?«

»Bestimmt einen ganzen Metersack.«

»Komm Elisabeth – lass uns weitertapern. Es gibt hier bestimmt noch viel mehr zu sehen.«

Beim 4-D-Kino machten die beiden den nächsten Halt. Sie erwarteten, sich gemütlich in weiche Kinosessel kuscheln und ein wenig den Schrecken der Stunt-Show vergessen zu können.

»Komm ganz nach vorne, wir wollen ja was sehen.« Sie fanden den idealen Platz genau in der Mitte, und Markus half Elisabeth mit einer Räuberleiter auf den Sitz. Oben angekommen, legte sie sich bäuchlings auf den Kinositz und reichte Markus ihre Pfote, um ihn hochzuziehen.

»Mann bist du schwer. Du hast zuviel gefressen!«

»Muss man sich in einem Kino anschnallen?«, fragte Elisabeth, als sie die Gurte am Kinositz entdeckte.

»Keine Ahnung. Ich kann mich nicht erinnern, dass Christiane davon erzählt hat.«

Nachdem der Film begonnen hatte, dauerte es

keine 10 Minuten, bis die beiden Bären schwankend aus dem Kino torkelten. Sie hatten ja in den letzten Tagen schon so einiges erlebt und fühlten sich stark und unbezwingbar.

»436 Lautsprecher! Puuh – das ging mir echt unter's Fell.«

»Das war kein Kinofilm, das war ein multimedialer Superrausch.«

Sie lehnten vor dem Kino an der Wand und versuchten, ihre Sinnesorgane wieder in den Griff zu kriegen.

»Ich glaube, es ist genug jetzt – mehr halten wir nicht aus. Weißt Du was?! Wir fahren jetzt nach Schwabing und flanieren gemütlich über die Leopoldstraße.«

Draußen trafen sie die nette Betreuerin vom Casting, die Elisabeth und Markus anbot, sie mit dem Auto nach Schwabing mitzunehmen.

Im Freiheitsrausch

Bei einer U-Bahnstation an der Leopoldstraße kletterten sie aus dem Auto.

Als Markus das Schild »Münchner Freiheit« sah, ging es mit ihm durch. Er sprang in die Luft und rief »Freiheit für alle – Freiheit für die Teddys« – dabei nahm er seine Brille ab und schwenkte sie wie eine Fahne hin und her.

»Psst – Markus, psssssssssst. Die Leute gucken schon.« Doch der Doc war nicht zu bremsen.

Er wollte jetzt und hier für die Rechte der Teddys

kämpfen:
»Ich bin Dr. med. Markus und fordere die Verbesserung der Lebensbedingungen aller Teddybären!«
Elisabeth wurde von seinem Eifer mitgerissen und warf die Plüschärmchen nach oben.
Markus stellte sich auf eine Steinstufe gegenüber der Eisdiele »Café Münchner Freiheit« und hielt spontan die erste Teddybärenrede aller Zeiten:
»Seit über 100 Jahren leben wir Teddys mit und für euch Menschen. Ihr habt für euch die 40- und 35-Stunden-Woche erstritten. Dazu zwei bis sechs Wochen Urlaub pro Jahr, in denen ihr uns so gut wie nie mitnehmt. Unsere Bedürfnisse werden einfach ignoriert! Zum nächsten Weihnachtsfest gehen wieder Tausende neuer Bären in Dienst. Sie werden wie immer ihr Bestes geben: Trost und Geborgenheit

schenken, Freude und Wärme – 24 Stunden am Tag und jeden Tag des Jahres!« Markus lockerte seine Krawatte und fuhr engagiert fort: »Aber auch ein Teddybär braucht ab und zu Urlaub, damit er weiter gute Arbeit leisten kann. Wir for-

Teddy-Futter-Tipp

Erste Sahne ist das »Café Conditorei« an der Münchner Freiheit 20. Hier sitzt man mitten in Schwabing unter großen Sonnenschirmen und kann es sich bärig gut gehen lassen. Noch berühmter ist die traditionsreiche Eisdiele **Sarcletti**. 56 Eissorten, darunter »Honig-Yoghurt-Eis«, lassen das Herz von Mensch und Bär höher schlagen. Das Sarcletti liegt in der Nähe vom Rotkreuzplatz in Neuhausen – einem Viertel, das Schwabing in punkto Kneipen seit einigen Jahren Konkurrenz macht.

dern: Urlaub für alle! – Urlaub für Teddybären!« In der Zwischenzeit hatte sich eine Menge Menschen um das Teddypaar versammelt. Als Markus seine Rede beendet hatte, erhielt er tosenden Applaus. Wie Helden wurden Markus und Elisabeth gefeiert und von Arm zu Arm gereicht.
Der Eisdielenbesitzer lud das Teddypaar sogar zu einem großen Eisbecher mit Sahne ein. Sie saßen lange unter den Schirmen im Café, und Elisabeth war mächtig stolz auf ihren Markus.

So macht der Sommer Spaß

Abends machten sich unsere beiden Plüschtiere auf den Heimweg. Vorsichtshalber hielten sie sich auf dem Weg die Leopoldstraße entlang immer auf der linken Seite. Als kleinwüchsige

ITTAG · KAFFEEPAUSE · CAFÉ · CONDITOREI · EIS
20

Kuschelbären trauten sie sich nicht mal an den Ampeln über die dicht befahrene Straße.
»Die Autofahrer und Radfahrer gucken hier ja überall hin, nur nicht auf die Straße! Wir sollten das nächste Mal einen Sombrero oder Zylinder aufsetzen.«
»Ach Markus, es macht doch auch so Spaß, in aller Ruhe an den Geschäften vorbei zu flanieren. – Und außerdem entdecke ich so die hübschesten Stachel-Bär-Waden …«, setzte Elisabeth in Gedanken hinzu, der direkt auf Augenhöhe herrlich haarige Männerbeine entgegenkamen.
Pfote in Pfote schlenderten die beiden Kleinen Richtung Süden, ihrem Glückshafen entgegen.

Teddy-Tatzen-Tipp

Die Leopoldstraße ist an schönen Sommertagen eine Show. Hier heißt es Sehen und Gesehen-Werden. Dazu bietet »die Leo« jede Menge Cafés, Bars, Kneipen und Restaurants. Dazwischen locken alle möglichen Geschäfte und Geschäftchen. Die Teddy-Tatze verdient das kleine und verspielte Hutgeschäft »Hals über Kopf« – ein zuckersüßer Laden mit wirklich beeindruckenden Hutkreationen.
Hals über Kopf, Leopoldstraße 49/Ecke Kaiserstraße, Tel. 0 89/34 36 67, Di, Do 12–18 Uhr, Mi, Fr 10–18 Uhr, Sa 11–18 Uhr.

Tag 8:

Vom Westend zum Westpark

- Bavaria auf der Theresienwiese
- Westend
- Westpark

»Hoffentlich kommt er pünktlich, wir haben schließlich noch nicht gefrühstückt.« Markus knurrte schon vernehmlich der Magen, als sie am vereinbarten Treffpunkt an der Bavaria auf der Theresienwiese ankamen. Abends zuvor hatte er bei Steffo angerufen, um sich mit ihm für heute zu verabreden.
Völlig außer Puste gelangten die kleinen Teddys nach 130 Stufen Hüpf-Marathon im Aussichtskranz der bayerischen Bronze-Lady an. Unterwegs hatten sie zur Stärkung jeder schon ein Honigbonbon eingeworfen, aber trotzdem wackelten ihnen jetzt die Knie. »16 Meter unter uns stehen in der Ruhmeshalle lauter wichtige Bayern.«, schnaufte Markus. »Und da unten, das ist die Theresienwiese.«
»Wieso wird das bloß als Wiese bezeichnet, wo hier kaum ein Grashalm zu sehen ist?«
»Tja, gute Frage! Jedenfalls findet hier im September das Oktoberfest statt.«
»Im September – das Oktoberfest!?!« Elisabeth schüttelte den Kopf, verkniff sich aber einen weiteren Kommentar.
»Da kommt er! Ich seh' den baumlangen Kerl mit seinem himmelblauen Radl über den Platz kommen. Erkennst du den kleinen Punkt dort in Richtung der großen Pauls-Kirche?« Wie zwei Seeleute, die vom Ausguck ihres Schiffes endlich Land entdeckten, freuten sich die beiden und führten einen spontanen Freudentanz auf.

»Er hat eine Frühstückstüte dabei!« »Steffo, hier sind wir, hier oben, hallo!«
Der blaue Punkt wurde rasch größer, und die beiden Kleinbären purzelten im Eiltempo die Wendeltreppe hinunter. Wie nichts schulterte Steffo seinen Drahtesel und kam die Stufen zur Ruhmeshalle empor.
»Hey, ihr zwei, ich hab' euch was mitgebracht – ihr habt doch bestimmt Hunger?!« Dabei zog er Kekse, Zucker und mehrere Portiönchen Kaffee-

sahne aus dem Rucksack. Mit schmachtenden Knopfaugen beäugte Elisabeth das Frühstückswunder. »Was für ein aufmerksamer junger Mann, ich kann es nicht oft genug sagen.«
Dicht setzte sie sich neben den langen Kerl und stellte dabei fest, dass seine Arme und Beine sehr schön behaart waren. Es gab durchaus ganz attraktive Menschen …
Nach dem kleinen Imbiss klopften Herr und Frau Bär sich die Brösel vom Pelz, ließen sich auf ihrem Aussichtsplatz am Fahrradlenker festschnallen und läuteten mit einem energischen Klingeln den Beginn der Westend-Tour ein.

Kultour und Architektour

Direkt oberhalb der Theresienwiese radelten sie durch ein Neubaugebiet. Auf dem ehemaligen Messegelände hatten sich die Architekten so richtig ausgetobt: Klotzig, neumodern, schreiend bunt und dicht an dicht waren hier Wohnanlagen gebaut worden. Definitiv keine Teddybären-Wohlfühlbauweise. »In der denkmalgeschützten alten Messehalle ist jetzt das Verkehrsmuseum untergebracht«, erklärte Steffo seinen Schützlingen. »Bloß jetzt kein Museum!«, schoss es Elisabeth durch den Kopf – Gott sei Dank bog ihr Chauffeur in die Kazmairstraße ein und radelte durch die älteren Straßen des Viertels mit seinen kleinen Geschäften, Künstlerateliers und Cafés. »Das Westend war mal ein reines Arbeiterviertel, aber seit ein paar Jahren wird viel renoviert hier, und seitdem machen wir Schwabing und Haidhausen Konkurrenz.« Steffo war ziemlich stolz auf sein Westend.

»Fällt euch was auf?«, wollte er wissen.

»Alte Bausubstanz, viele kleine Ateliers und Stuck an den Fassaden.« Markus zitierte seinen Reiseführer. »Gut beobachtet, doch achtet mal auf die Hausecken: Die alten Häuser haben keine Ecken zur Straßenkreuzung hin, sondern sind alle abgeflacht. Das gibt es nur hier im Viertel! Damit wollten die früheren Stadtarchitekten den Kreuzungen mehr räumliche Großzügigkeit verleihen. Cool, oder?«

Auf der Weiterfahrt Richtung Westpark erzählte Steffo von der Gartenbauausstellung 1983, zu der man dieses Naherholungsgebiet angelegt hatte. »Es gibt dort noch immer einen Japanischen und einen Chinesischen Garten – und den großen Rosengarten!«
Elisabeths Knopfaugen leuchteten bei dem Gedanken an zart duftende Rosen.
»Aber bevor Elisabeth an jeder einzelnen Rose schnuppert, brauch ich unbedingt eine Stärkung. Ich bin schon ganz schmal im Gesicht, so dass mir ständig die Brille verrutscht«, jammerte Markus. Steffo peilte unverzüglich den Hopfengarten an und setzte seine Fahrgäste auf den Boden. Er schloss sein Fahrrad ab, drehte sich um – und weg waren seine kleinen Gefährten. »Na, ich hol mal was zu trinken. Vielleicht sind sie nur kurz mal für kleine Bären«, dachte er. Als er mit Bier, Limo, Bratwurst und einer großen Brez'n einen freien Tisch gefunden hatte, kamen die beiden aufgeregt auf ihn zu. »Um Himmels willen, was ist denn mit euch passiert?! Elisabeth, wie siehst du denn aus?« Markus Augen hinter der Brille funkelten grimmig, und er spuckte immer wieder auf den Boden. Elisabeth war völlig sandverkrustet und stand sichtlich unter Schock. »Stell dir vor, Steffo, ein Kind hat Elisabeth gepackt, zum Spielplatz verschleppt und bis zum Kopf im Sand eingegraben. Ich habe mich zwar mutig dazwischengeworfen, musste aber ein Stück widerlich

knirschenden Sandkuchen essen, um sie auszulösen! Pfft!« »Wow! Kommt her, ihr Armen, hier gibt's was Richtiges zu essen. Das hilft bestimmt auch gegen den Schrecken. Und dich rubbel ich schnell mit der Serviette ab, dann sind die Sandkörner auch gleich wieder weg. Es ist doch wirklich gefährlich für allein stehende Teddys!« Die Bärin hatte sich bereits weitgehend von ihrem Schock erholt, doch jetzt fing Markus an zu weinen. »Was ist denn los?«, wollte Steffo wissen. »Ich will kein allein stehender Teddy sein – mir fehlt meine Christiane so sehr! Und sie macht sich bestimmt auch Sorgen um mich. Ich weiß nicht, wie ich jemals wieder nach Hause kommen soll ...« Immer wieder nahm Markus die Brille ab, um seine Tränen abzuwischen. »Markus, trink erst mal einen Schluck Limonade, die magst du doch so gerne.« Steffo bemühte sich redlich, die beiden Kuscheltiere wieder in gute Teddylaune zu bringen. Nach einer halben Bratwurst – und ein paar Extraschlucken Bier – kam wieder fröhliche Stimmung auf.

Im Rosengarten bewahrheitete sich Markus' Prognose. Schon von weitem hatte Elisabeth die Nase in den Wind gereckt und tief die Duftvorboten eingesogen. Als die Blütenpracht dann in Sicht kam, rief sie. »Stooop, aaaanhalten!«, betätigte mit den Beinchen die Fahrradklingel und hüpfte mit einem gewagten Sprung in die Wiese.

»Tja, Steffo. So ist das mit Lady Elisabeth. Wenn sie auch gerne mit ihrem Alter kokettiert – zeig ihr Blumen, schon geht sie los wie ein Turbo.«
»Das kann ja dann dauern. Ich mache solange Siesta. Aber du bleibst besser bei deiner Süßen. Weck mich, wenn sie von all dem Rosenduft berauscht auf verrückte Ideen kommt.«
Doch diesmal drohte keine Gefahr. Während Steffo schlief, sammelten die Teddys abgefallene Rosenblätter und bauten sich ein duftendes Nest.

Zur Rettungsinsel

Ausgeschlafen machten sie sich zwei Stunden später wieder auf die Reise. Der Weg führte über die Westendstraße am TÜV vorbei. Als Elisabeth die drei großen Buchstaben an der Häuserfront

sah, erschrak sie ein wenig und war mächtig froh, als Steffo hurtig an dem schaurigen Teddy-Überprüfungs-Verein vorbeifuhr.
»Frische Luft macht hungrig. Wir sind nicht weit weg von meiner ›Rettungsinsel‹. Ihr habt doch auch Hunger, oder?« »Immer!!«, antworteten Elisabeth und Markus unisono. »Dann fahre ich mit euch zu »Bahr's & more« – die haben vor 19:30 Uhr immer ›FKL-Aktion‹: früh kommen lohnt.«
Von nun an waren die Bären nicht mehr zu halten. Markus und Elisabeth saßen auf der Lenkerstange, streckten ihre Teddyärmchen in die Luft und riefen immer wieder »FKL, FKL«.

Teddy-Futter-Tipp

Das »Bahr's & more« im Westend ist ein echter Geheimtipp! Das Lokal in einem denkmalgeschützten Haus ist einfach zum Wohlfühlen. Überall spürt man das persönliche Engagement der Wirtsleute Bahr. Gutes Essen, klasse Cocktails, prima Musik und netter Service! Bei der FKL-Aktion werden selbst große Bären zum super kleinen Preis satt. Teddy-Tatzen-gut!
Bahr's & more, Trappentreustraße 23, Tel. 0 89/32 12 04 56, www.bahrs-more.de, Mo–Do ab 17 Uhr, Fr, Sa ab 18 Uhr, sonn- und feiertags geschlossen.

Als sie das Lokal betraten, wurden sie vom Wirt selbst begrüßt, der die Teddys direkt auf dem Tisch platzierte.
»Ich glaub, ich seh' nicht recht!« Dr. med. Markus putzte sich aufgeregt mit dem Tischtuch die Brille. »Tatsächlich! Da vorne steht Martine, das gibt's doch gar nicht. Elisabeth, schau!«
Elisabeth und Markus hüpften auf und ab und riefen »Martine, hallo Martine!«
Als die Wirtin zu ihrem Tisch kam, war die Wiedersehensfreude riesig. Verblüfft fragte Martine ihren Stammgast: »Du kennst die beiden auch?«
»Ja – unglaublich, gell? München ist doch ein Dorf.«
Nach einem leckeren und üppigen Abendessen sowie zwei alkoholfreien Fruchtcocktails mit Extra-Sahne hielten sich die beiden Bären zufrieden die vollen Bäuche.
Martine kam immer wieder bei ihnen vorbei, und Steffo erzählte ihr von Markus' Heimweh-Attacke. »Da fällt mir was ein«. Martine sprang auf und kam mit ein paar witzigen Ansichtskarten wieder zurück. »Schreib doch deiner Christiane einen lieben Gruß.«
»Geniale Idee«, bestätigte Steffo, »dann ist sie nicht so besorgt, weiß, wo du steckst – und du kannst unbekümmert noch eine Weile in München bleiben.«
Markus schrieb voller Eifer gleich zwei Karten.

»Doppelt hält einfach besser!«
»Prima. Ich werde die Karten gleich morgen zur Post bringen.«
Martine gab Steffo ein Zeichen, mit ihr zur Bar zu kommen. Als er nach einer Weile zurückkam, waren Markus und Elisabeth Rücken an Rücken gelehnt eingeschlafen.
»Was mache ich denn jetzt mit euch?«, dachte er. »Na, dann nehm' ich euch eben mit, und ihr schlaft bei mir.« Vorsichtig packte er sie in seinen Rucksack – der Lenker war nicht der richtige Platz für schlaftrunkene Teddys. Der kühle Fahrtwind tat auch Steffo gut, und er amüsierte sich königlich über das sonore Schnarchen seiner kleinen Passagiere.

Teddy-Tatzen-Tipp

Für alle, die keinen Steffo kennen und günstig in München übernachten wollen, gibt es seit 2004 das äußerst erschwingliche »Bed and Brezn«. Die Lage des zur Meininger City Hostel Gruppe gehörenden Hauses an der Landsberger straße ist zwar nicht schön, aber sehr zentral. Die Zimmer sind sauber, der Preis unschlagbar: Im Mehrbettzimmer kann man schon für 19 Euro inkl. Frühstück übernachten.
Bed & Brezn, Meininger City Hostel, Landsberger Straße 20, 80339 München, Tel. 0 89/ 85 63 77 00, www.meininger-hostels.de

Tag 9:

Der verregnete Tag

- Deutsches Museum
- Müller'schesVolksbad
- Atlantis Kino

Dr. med. Markus träumte fest, als er unvermittelt aus dem Schlaf gerissen wurde. Seine Reisebegleiterin zupfte ihn am Ohr.
»Was ist denn in dich gefahren, mich am Lauschlappen zu ziehen, wenn ich gerade von einem Honigbrot bei Christiane träume.«
Elisabeth war stocksteif und flüsterte aufgeregt: »Entweder ich träume das alles nur, oder wir sind entführt worden. Schau dich um, wir sind in einem fremden Zimmer. Da drüben schläft ein Mensch, das bilde ich mir doch nicht ein.«
»Bleib ganz ruhig und lass mich mal nachdenken. – Wir waren gestern Abend mit Steffo bei ›Bahr's & more‹, haben kräftig gefuttert, und nachdem ich gesehen habe, dass du dich zu einem Nickerchen entschlossen hattest, bin ich auch in Wolkenkuckucksheim gelandet.«
»Tolle Analyse! Und was sagt uns das jetzt?«
Elisabeths wollte den schlafenden Mann wecken, aber das erschien dem Plüschdoktor zu gewagt.
»Besser, wir machen uns auf leisen Sohlen aus dem Staub.«
Leise werkelten sich die Bären aus dem Schlaf-Rucksack und schlichen sich aus der Wohnung.
Draußen herrschte Fluchtwetter. Es war kühl, grau in grau und sah nach Regen aus.
»Was machen wir denn jetzt?«
»Erstmal verschwinden – komm, wir nehmen die Straßenbahn da.« Gesagt, getan. Wenige Minuten später saßen sie in einem Wagen der Linie 18

und fuhren mitten durch die Stadt bis zu dem auf einer Insel in der Isar gelegenen Deutschen Museum.
»Deutsches Museum – das klingt doch gut und ist bei dem Wetter perfekt.«
Schnell hüpften sie aus der Bahn und stapften Richtung Eingang. Die Plüschdame zog es sofort magisch in den Museumsshop, während Markus weiter in den Innenhof wackelte.
»Wooaah, das müssen wir unbedingt machen!«, dachte er und lief zurück zu Elisabeth.
»Da ist so ein Rüttel-Wackelkino auf Stelzen. Wenn der Film läuft, bewegt sich die gesamte Kabine, so dass man drin das Gefühl hat, selber mitzufahren!«
»Da kannst du alleine reingehen, ich hab' noch genug von dem 4-D-Wahnsinn im Filmpark. Da warst du doch hinterher auch fix und fertig! – Sag mal, bist du sicher, dass wir nach dieser Nacht fit genug sind für so ein riesiges Museum mit so viel Technik?«
»Vielleicht schauen wir uns nur das Bergwerk an? Oder die Vorführung bei den Glasbläsern? Nein – ich hab's: Du gehst mit mir in die Flugzeugabteilung. Ich wollte schon immer mal auf dem Pilotenstuhl sitzen! Bitte! Und danach machen wir uns einen faulen Lenz!«
Mit diesem Vorschlag konnte sich Elisabeth anfreunden, und als sie neben der Flugzeugabteilung die Mondraketen entdeckte, war sogar

die sonst eher technikmufflige Bärendame vollkommen fasziniert.
»Was meinst du, sollten wir uns als erste Teddybären für einen Flug ins All bewerben?«
Kichernd wandten sie sich Richtung Ausgang und zuckten kurz vor der großen Eingangshalle zusammen, als es aus dem Nebentrakt gewaltig krachte.

»Was ist denn da los? Da ist es ja ganz finster! Und die vielen Leute …«
»Au weia! Hast du das gesehen? Das hat ganz gewaltig geblitzt! – Da steht was: ›Hochspannungsvorführung‹ – Grundgütiger Bär, nix wie weg hier.«
Bei der Kassendame im Eingangssaal erkundigten sich die beiden, wo man denn in München bei schlechtem Wetter so richtig schön entspannen könne.
»Einfach grad schräg gegenüber, am rechten Isarufer. Da ist das Müller'sche Volksbad mit Sauna, Dampfbad und zwei Schwimmhallen – alles wunderschön im Jugendstil dekoriert! Viel Vergnügen!«
»Danke! Das werden wir bestimmt haben«, antworteten die beiden und stapften in gespannter Erwartung davon.

Stilvoll schwimmen im Volksbad

Auf der gegenüberliegenden Seite der Isarbrücke lag das denkmalgeschützte Jugendstilbauwerk, das seit etwa 1900 den Münchnern als Badeanstalt diente und an diesem verregneten Tag den Kleinbären uneingeschränkten Badespaß versprach. Die Frau an der Kasse schmunzelte nur und reichte den plüschigen Badegästen ein Besucherhandtuch. Die elegante Atmosphäre, die Ornamente und Figuren beeindruckten Elisabeth so sehr, dass sie selig vor sich hin brummte. Ein ganz anderes Brummen war zu hören, als Markus eine Tatze ins Wasser streckte und empört wieder hinauszog

»Das ist ja eisbärenkalt!« Anklagend humpelte er zu Elisabeth.

»Lieber Herr Doktor, manchmal bist du echt zum Schießen. Es handelt sich hier nicht um das Schwimmbecken, sondern das ist das Kaltbecken zum Abkühlen nach dem Saunagang. Das Schwimmbecken in der kleinen Halle hat um die 30 °C, da wirst du gleich einen Unterschied feststellen.«

Jetzt konnte Elisabeth mal mit Fachwissen auftrumpfen. Es war zwar schon lange her, aber sie erinnerte sich genau an Badebesuche aus weit zurückliegenden Tagen.

»Ich hatte nämlich auch mal eine Menschenfamilie, die mich überallhin mitgenommen hat.« Aufmunternd knuffte Elisabeth ihren Begleiter

Teddy-Tour-Tipp

Wer es gediegen mag, geht ins Müller'sche Volksbad zum Schwimmen und Saunieren in beeindruckender Architektur. Das Schwimmbad ist seinen Preis wert: 3,30 € ohne Zeitbegrenzung! Anfahrt: Tram 18 – Haltestelle Deutsches Museum; Tram 17, S1–S8 – Haltestelle Isartor; StadtBus 131 – Haltestelle Isartor/Zweibrückenstraße, Ludwigsbrücke

Müller'sches Volksbad, Rosenheimer Straße 1, Tel.-Hotline: 0 18 01/79 62 23, tgl. 7.30–23 Uhr (Schwimmhalle), 9–23 Uhr (Sauna; Di, Fr Frauentag).

und führte ihn zum richtigen Becken. Vorsichtig näherte sich Markus dem Bassinrand auf allen vieren, senkte den Kopf und trank schlabbernd ein paar Schlucke. »Die Temperatur ist genau richtig, doch der Geschmack ist seltsam.« »Jetzt komm endlich rein und plansch mit mir, du oller Brummbär!«, forderte ihn Elisabeth auf. »Oder warst du vielleicht noch nie schwimmen?« »Nö. Aber jetzt komm ich!« Markus nahm Anlauf und machte einen weiten Satz vom Beckenrand zu Elisabeth. Endlich war er im Wasser und mit ihm die gute Laune. Augelassen tobten die Kleinbären miteinander, bis Markus erschöpft das Becken verließ und sich einen erhöhten Sitzplatz suchte, um Elisabeth beim Paddeln und Plan-

schen zu beobachten. Er merkte gar nicht, wie die Zeit verging, und erschrak richtig, als Elisabeth neben im »Huh!« machte und sich das Wasser aus dem Pelz schüttelte. Die warme Luft und das gleichmäßige Plätschern des Wassers hatten ihn vollkommen entspannt.
»Ich weiß ja nicht, wie es dir geht, aber ich habe nach dem Schwimmen immer einen Riesenhunger. Hier gibt's bestimmt irgendwo ein Restaurant!« Der Gedanke an Essen brachte Markus schnell wieder zurück aus dem Reich der Träume. Bärenfell trocknet langsam, Teddybärenfell sogar noch langsamer. Daher stellten sich Markus und Elisabeth direkt unter einen Haartrockner und rubbelten sich gegenseitig über den Pelz. Nachdem sie ordentlich geföhnt waren, machten sie sich auf die Suche nach Futter.

Im hausinternen L-Bistro bestellte Markus eine Latte Macchiato, um wieder richtig wach zu werden, warme Milch mit Honig für Elisabeth und ein großes Stück Käsekuchen für zwei. Mampfend und schlürfend überlegten sich die Bären ihr Nachmittagsprogramm für den nach wie vor regnerischen Tag. »Ein richtig schöner Film – das wär' es jetzt«, sagte Markus und erinnerte sich an eine Kinovorstellung mit Christiane. »Das wäre auch ein Film für dich gewesen – irgendwas mit Rosen ... Aber komisch war er trotzdem, irgendwie fast wie ein Kriegsfilm. Es ist schon etwas länger her, ich erinnere mich nicht mehr so ganz, aber am Ende schaukelten die Hauptdarsteller in einem Kristallleuchter! Auf Ideen kommen die Zweibeiner!«

»Ich kann euch das Kino Atlantis in der Schwanthaler Straße empfehlen«, gab ihnen ihr Tischnachbar einen Tipp.

»Vielen Dank! Das ist aber sehr nett von Ihnen.« Die Gelegenheit war günstig. Die beiden Frechdachse verabschiedeten sich auffallend herzlich von dem Herrn, so dass es auch die Bedienung sehen musste. Beim Hinausgehen kicherten sie verschwörerisch, und Markus flüsterte Elisabeth ins Ohr: »Besonders nett von ihm ist, dass er gleich unsere Rechnung mitbezahlen wird …«

Kino, wir kommen

Vom Rosenheimer Platz ging es mit der U-Bahn zügig zum Stachus. Von dort bummelten die beiden gemütlich die Sonnenstraße entlang, denn sie hatten noch genügend Zeit bis zum Filmbeginn. Am Atlantis angekommen, zupfte Elisabeth den Mann am Einlass am Hosenbein.

»'Tschuldigung. Läuft hier heute Abend ein Kriegsfilm mit Rosen?«

»Was bitte? Nein, heute ist Sneak-Preview.«
»*Sniek privjuh,* was heißt denn das?«, schaltete sich Markus ein.
»Es ist eine Art Überraschung. Es wird nicht verraten, welcher Film läuft, weil wir ihn schon vor dem offiziellen Start zeigen. Ihr seid also mit die Ersten, die diesen Film in Deutschland sehen können!«
»Dann sind wir so was wie Testseher?«
»So in etwa. Wir können so feststellen, ob und wie der Film beim Publikum ankommt.«
»Das erzählen wir Ihnen gerne!«
»Na, prima! Für euch Teddybären ist der Eintritt frei, und einen Becher Honig-Popcorn schenk' ich euch auch noch!«
»Jippiee! Kino ist toll!«
Mit stolz geschwellter Brust betraten die Teddys den Kinoraum und wählten sich einen gemütlichen Platz für den Abend.

Teddy-Tatzen-Tipp

Die Sneak-Preview im Atlantis gibt es jeden Mittwoch um 21 Uhr. Hier zeigt man auch gerne Filme abseits des so genannten Mainstreams. Und der Preis von 4 € ist ebenfalls bärig gut. Anfahrt: S- und U-Bahn oder Tram bis Stachus/Karlsplatz.
Atlantis-Kino, Schwanthaler Straße 2, Zentrum, Tel. 0 89/55 51 52.

Tag 10:

Das Superding

- Allianz Arena
- Zoologischer Garten

»Irgendwie bin ich heute schlapp, meine Knie sind ganz weich, und mein Fell glänzt nicht wie sonst«, jammerte Elisabeth beim Zähneputzen. »Ach Elisabeth, Du wirst mir doch nicht krank werden? Ich hatte mich so auf den Besuch des neuen Stadions gefreut. Dieses Superding, das aussieht wie ein überdimensionaler Donut mit Zuckerguss.«

Die Teddydame hatte für Fußball nicht viel übrig und hätte lieber ein anderes Ziel angesteuert, aber gegen den Enthusiasmus ihres jungen Plüschfreunds kam sie nicht an. »Stell dir vor, vielleicht finden wir eine Eintrittskarte von der Weltmeisterschaft 2006!« Elisabeth riss sich am Riemen, und wenig später saßen beide in der U 6 Richtung Garching-Hochbrück. In Fröttmaning angekommen, fand Markus mit schlafwandlerischer Sicherheit den richtigen Weg, als könne er die Schritte der vielen Fans erfühlen.

»Du kannst so ein aufmerksamer Kerl sein, doch wenn es um Fußball geht, vergisst du die Welt um dich herum.« »Hast du mit mir gesprochen?« »Jawohl, Herr Doktor! Ich wollte zu bedenken geben, dass wir noch nicht gefrühstückt haben und mir hörbar der Magen knurrt. Wenn ich bis Mittag nichts zwischen die Zähne bekomme, werde ich unleidlich.« »Ich kann dir noch ein paar von den Schokotäfelchen vom Dallmayr zur Überbrückung anbieten. Bitte halt' durch – ich kraul dir heute Abend auch die Ohren!«

Bei der Führung durch das Stadion erfuhren sie, dass bereits Ende Mai 2005 das Eröffnungsspiel in dem 51 m hohen und 258 m breiten Bauwerk stattgefunden hatte. »Luftgefüllte Folienkissen an der Außenhaut können das Gebäude in drei verschiedenen Farben aufleuchten lassen, und das größte Parkhaus Europas steht für die mit dem Auto kommenden Besucher bereit.« Selbst Elisabeth war von den Fakten rund um die Superschüssel beeindruckt und vergaß ihre morgendliche Brummigkeit.

Bis auf einen abgerissenen Knopf gab es aber für den Doc nichts zu finden. »Wahrscheinlich ist er vom Hemd eines Trainers, dem bei einer Fehlentscheidung des Schiedsrichters förmlich der Kragen platzte. Oder er ist von Franz Beckenbauer persönlich!« »Ist er nicht!«, warf Elisabeth ein. »Der trägt bestimmt nur noch goldene Knöpfe.« Markus aber hielt den Knopf für eine bedeutende Trophäe und vergrub ihn tief in seiner Jackentasche.

Teddy-Tour-Tipp

Individualbesucher der Allianz Arena können unangemeldet an einer Arena-Tour teilnehmen. Diese finden täglich (außer an Veranstaltungstagen bzw. Spieltagen) um 11, 13, 15 und 17 Uhr statt. Tickets gibt's im Allianz Arena Shop innerhalb der Markenwelt.
Anfahrt: U6 Richtung Garching-Hochbrück, Haltestelle Fröttmaning, Ausgang in Fahrtrichtung, über die Esplanade (Hauptzugangsweg) durch die Drehkreuze am Südeingang zum Markenwelt-Aufgang J 332–334 (ca. 15 Min.).
Allianz Arena, München-Fröttmaning,
Tel. 0 18 05/55 51 01, www.allianz-arena.de

Wenn der kleine Hunger kommt

Noch auf dem Rückweg hielt er sein Fundstück fest in der Bärentatze. »Kein Kaiser dieser Erde kann mir jemals diesen Knopf streitig machen«, brummelte er.
»Und kein Kaiser kann mich davon abhalten, sofort auszusteigen, um die nächste Futterstelle anzusteuern.«
Es war schon fast 12 Uhr, und mittlerweile hatte Elisabeth den sprichwörtlichen Bärenhunger. Am Sendlinger Tor stiegen die beiden aus und steuerten geradewegs auf die nächste Vinzenz-Murr-Filiale zu. Jetzt musste es schnell gehen, bevor Elisabeth die Nerven verlor. Energisch

stapfte Frau Kuschelbär um die Theke nach hinten – direkt zu der vollschlanken Verkäuferin, die für den Leberkäs' zuständig war. Elisabeth biss der herrlich nach Wurst duftenden Dame zart in den großen Zeh.

»Ja, sag! Wer bist denn du?«

»Guten Tag«, erwiderte Elisabeth todernst, »meine Name ist Elisabeth, und ich bin ein Braunbär, wie Sie sehen. Wir Bären haben häufig Hunger und werden dann mitunter unleidlich. Bevor es so weit kommt, bitte ich Sie daher sehr dringend um die freiwillige Herausgabe von ein oder zwei Leberkässemmeln für mich und meinen Mitbären Markus, der draußen wartet. Ohne Senf bitte.«

»Ist denn dieser Markus ein ausgewachsener Bär?«, fragte die Verkäuferin beunruhigt.

Teddy-Futter-Tipp

Wer keine Leberkässemmel mag und sich lieber gesund ernähren möchte, dem wird die Vitaminbude gefallen. Das vitale Bio-Bistro bietet gesunde, leichte und vielfältige Speisen und Getränke, frisch und schonend zubereitet, aus kontrolliertem biologischen Anbau und fairem Handel.

Vitaminbude, Kreuzstraße 6/Nähe Sendlinger Tor, Tel. 0 89/54 54 4909, www.vitaminbude.de, Mo–Fr 10–19 Uhr, Sa 10–16 Uhr.

»Ja – 13 Jahre alt und mit Doktortitel.«
Wer hatte je von sprechenden und promovierten Bären gehört? Sicherheitshalber beeilte sich die junge Frau, zwei dicke Leberkässemmeln fertig zu machen. Die packte sie in eine kleine Papiertüte und hängte sie Elisabeth um den Hals. Hochzufrieden zerrte die clevere Bärendame ihre Beute nach draußen.

Nach dem Mittagessen stromerten die beiden Braunbären bester Laune weiter durch die Sendlinger Straße und ihre Nebengassen bis hoch zur Josephspitalstraße.
Gegen 14 Uhr wechselte Markus plötzlich die Laufrichtung.
»Hei, wo gehst du denn jetzt hin?«
»Überraschung! Ich verrate nur so viel: Wir haben es schon mal gerochen, waren aber noch nicht drin. Du wirst begeistert sein.«
Damit hatte der Doc die Neugierde seiner Begleiterin geweckt. Während der ganzen Fahrt mit der U3 zwickte sie Markus ins Fell und wollte unbedingt wissen, wo die Reise hinging.
Noch am Bahnhof Thalkirchen löcherte sie ihn mit Fragen, und erst als sie über die Holzbrücke stapften und der unverkennbare Tierparkduft herüberwehte, wurde ihr klar, wo sie sich befanden.
Fröhlich und ausgelassen tanzte Elisabeth wie ein wild gewordener Derwisch um die Straßen-

laternen. »Markus, du bist ein Schatz! Dafür darfst du auch noch mal in irgendein Stadion gehen! Ich freue mich sooo auf den Tierpark!«

Tierisch gut

Wieder einmal kamen die beiden Schmusebären ohne Eintritt ins Gelände, wo sie das Polarium mit den Pinguinen ansteuerten. Die Frackträger wollte Elisabeth schon immer mal live sehen, und ganz in der Nähe wohnten die Eisbären. Markus – top informiert wie immer – wusste, dass um 15 Uhr die Pinguine gefüttert werden. Aber auch Elisabeth hatte erstaunliche Infos: »Ich habe gelesen, dass die Viecher hier im Zoo ganz schön verwöhnt sind und für die Qualität ihres Futters gestreikt haben.«
»Echt?« Markus konnte sich gar nicht vorstellen, dass Robben und Pinguine so aufmüpfig waren. »Jetzt kriegen die richtig guten Fisch, den sogar unsere Menschenfreunde essen würden.«

Teddy-Tour-Tipp

Tierpark Hellabrunn

Eintritt: Tageskarte Erwachsene 9 €, Kinder (4–14 Jahre) 4,50 €, Anfahrt U 3 bis Thalkirchen oder Bus, Linie 52, z. B. vom Marienplatz.
Tierparkstraße 30, 81543 München, Tel. 0 89/62 50 80, www.zoo-munich.de, April–Sept. 8–18 Uhr, Okt.–März 9–17 Uhr.

»Hab ich 15 Uhr gesagt? Dann lass uns einen Taps schneller gehen. Vielleicht kriegen wir ja einen Bissen Frischfisch ab?!«
Pünktlich zur Fütterung erreichten sie das Polarium, wo sie ernüchtert feststellen mussten, dass nur gefüttert wurde, wer im Gehege war. Zuschauer kriegten nichts. Elisabeth zögerte noch, doch jetzt war es Markus, der seinen bärigen Gelüsten ungehemmt freien Lauf ließ:

»Pinguine und Robben sind für uns ungefährlich, die fressen nur Fisch. Und der Eisbär wird uns schon nichts tun. Schließlich gehören wir zur Familie.«
Mit einem Satz waren sie unten und standen direkt vor dem Tierpfleger mit dem Fischeimer. Doch die Pinguine waren auch schon da und drängten sich vor. Elisabeth drehte sich erbost um: »Ja seid ihr denn verrückt? Hier wird nicht gedrängelt! Stellt euch gefälligst hinten an!«
»Ich glaube, das hat keinen Sinn«, warf Markus ein. »Die Viecher sind viel zu gierig. Wir schnappen uns schnell einen Fisch aus dem Eimer – oder auch zwei – und statten dann lieber dem Eisbären einen Besuch ab.«

Gefährlicher Verwandtenbesuch

»Fish to go!«, kicherte Elisabeth, als sie mit ihrem Fang – immerhin drei großen Stücken – außer Sichtweite waren. Sie wünschten sich gegenseitig guten Appetit und aßen zwei Stücke des Edelfischs sofort auf. Der Fisch war wirklich richtig gut. Der Eisbär würde sich über den dritten als Gastgeschenk sicher freuen.
Als Markus und Elisabeth ihren großen Bruder sahen, riefen sie ihm zu und winkten mit dem Fisch. Der weiße Riese drehte sich um, stellte sich auf seine Hinterläufe und brüllte Furcht erregend.
»Das klingt nicht gut«, konstatierte Dr. med Markus trocken.
Der wohl 2 Meter große Eisbär kam im vollen Tempo auf die kleinen Kuschelbärchen zugerannt.
»Kommen wir ungelegen?«, rief Elisabeth, wartete dann aber doch lieber nicht die Antwort ab, warf den mitgebrachten Fisch weg und rannte um ihr Leben.
»Markus«, schrie sie, »lauf! Der Kerl mag keine Verwandtenbesuche!«
Nur knapp entkamen die beiden einem grässlichen Tod zwischen den Reißzähnen des Eisbären.
Als sie wieder zur Ruhe gekommen waren und sich auf sicherem Terrain befanden, kehrte auch ihr bärentypische Kaltschnäuzigkeit zurück:
»Da heißt der Eisbär – und reagiert so uncool.«

Tag 11:

Blade ist das nicht

- Schrannenhalle
- Honighäusl
- Frauenkirche
- Hirschgarten
- Blade Night

Steffo war erleichtert gewesen, als sich seine beiden Plüschkameraden endlich gemeldet hatten, denn er hatte sich große Sorgen gemacht, als die Bären vor ein paar Tagen so einfach aus seiner Wohnung verschwunden waren.

Heute saßen sie in der Schrannenhalle bei einem leckeren Sylter Gosch-Fischbrötchen und lachten tierisch über die »Entführung«. Immer wieder reckten die beiden Bären schnuppernd ihre Nasen in die Luft. Zu viele gute Gerüche waberten durch die Schrannenhalle. Elisabeth und Markus witterten über 50 verschiedene Geschmacksrichtungen von süß bis pikant. Jede Menge Fische und Teigwaren aller Art musste es hier geben. Sogar ein Schwein wurde gerade gegrillt. Das stach Markus ganz besonders in die Nase. Elisabeth witterte Heumilch, diverse Strudelkreationen, und aus dem Augenwinkel sah sie einen Pralinenmacher.
»Ihr zwei Süßen, passt mal auf! Ich habe euch was Wichtiges zu sagen. Ich hoffe, ihr habt morgen noch nichts vor!« Steffos Stimme war bedeutungsschwer. Daher gelang es ihm, die Aufmerksamkeit der Bären von den duftenden Verlockungen auf sich zu ziehen.
»Ich möchte, dass ihr morgen Abend um 19 Uhr zur Seebühne in den Westpark kommt.«
Markus und Elisabeth warteten auf weitere Erklärungen und schauten Steffo erwartungsvoll an.

»Seid ihr sicher, dass ihr das schafft?«
»Ja, ja schon. Klar schaffen wir das. Aber was ist denn daran so wichtig?«
»Morgen gibt es dort »Kino, Mond und Sterne« – und eine extra Überraschung für euch! Ihr müsst unbedingt pünktlich sein.«
»Okay, okay. Wir kommen. Dürfen wir jetzt weiter durch den Gourmet-Tempel tapern?«

Der lange Blonde und die beiden Kurzen blieben noch eine ganze Weile in der Schrannenhalle. Hier gab es wirklich jede Menge zu sehen. Beim Seifenmacher wurde der Doc sentimental, der Duft von Mandarine und Vanille brachte Erinnerungen an Christiane.
»Weißt du was, Markus – wir kaufen jetzt einfach ein Stück Seife mit ihrem Lieblingsduft. Irgend-

Teddy-Tour-Tipp

Die Schrannenhalle wurde 2005 eröffnet. Die Markthalle mit historischem Hintergrund gilt heute als Mekka der Genießer. Viele Geschäfte, die altes Handwerk zeigen, und Veranstaltungen aller Art machen die Schrannenhalle darüber hinaus besuchenswert.
Schranne, Viktualienmarkt 15, Zentrum, Tel. 0 89/5 18 18 18, www.schranne.de (informiert über das täglich wechselnde Veranstaltungsprogramm).

Raumduft
Rosenseife
„Der Rosenkavalier"
Für alle Hauttypen
Wirkung: beruhigend und antidepressiv, „reinigt und klärt das Herz"
Stück: mind. 100g € 4.80
Stück: mind. 100g € 4.60
Petitgrainseife
„Tosca"
Für jeden Hauttyp
Rosen

wann wirst du deine Christiane wieder sehen, und dann hast du ein ideales Geschenk.«
Steffo griff ein besonders schönes Stück heraus, ließ es in Seidenpapier einwickeln und reichte es dem Doc.
»Danke Steffo«, brachte Markus mit Mühe heraus. Er kämpfte mit den Tränen, als er die Seife in seine Jeanstasche steckte.
»Lass uns mal raus gehen«, schlug Elisabeth vor. Eine weitere Heimwehattacke von Markus hätte sie nicht mehr ertragen. Zu schmerzlich wurde ihr bewusst, dass ihre Heimat die trostlose Vitrine im Spielzeugmuseum war.

Draußen war es sonnig und warm, und Markus kam schnell auf andere Gedanken.
»Du Steffo – heute Abend ist doch Blade Night. Das würde ich zu gerne sehen.«
»Das ist eine prima Idee. Ich wollte sowieso mit skaten und nehme euch gerne mit.«
»*Bleijd nait?* Was ist denn das schon wieder?«
»Das ist ein riesiges Ereignis – rund 20 000 Menschen fahren auf Rollschuhen quer durch die Stadt. Dafür werden sogar die Straßen gesperrt, damit sich Auto- und Rollschuhfahrer nicht in die Quere kommen«, erläuterte der Doc.
»Ja, denn die Skater legen mitunter ordentlich Tempo vor, um die gut 14 km lange Strecke in einer anständigen Zeit zu schaffen.«

»Bär im Himmel, schon wieder so ein Wahnsinn!«, dachte Elisabeth und entschied:
»Gut! Wenn wir das machen, habe ich aber auch einen Wunsch frei.«
Die beiden Männer willigten sofort ein, Hauptsache Elisabeth war jetzt kein Spielverderber.
So machten sich die drei auf den Weg quer über den Viktualienmarkt zur Frauenkirche.

Honigsüße Verführung

»Stooooopp! Haaalt!!!« Die Plüschgesellen riefen Steffo zurück, der einfach weitergegangen war.
Mitten auf dem Viktualienmarkt gab es das Paradies für Bären: ein Honighäusl.
»Hier lebt der Bienengott!«
»Sagt bloß, ihr habt schon wieder Hunger?!«
Steffo wunderte sich, was in diese kleinen Bärenmägen alles hinein passte.
»Hunger nicht – aber Appetit! Wozu sind wir schließlich Bären? Wir sind gleich wieder da!«
Der schwere Honigduft im Geschäft versetzte die

beiden umgehend in euphorische Stimmung. »Irgendwie sind sie wirklich reizend, diese Bienen. Dass sie uns die reine Essenz der Blütenfülle des letzten Sommers in so köstlicher

Teddy-Futter-Tipp

Das Honighäusl am Viktualienmarkt bietet in Sachen Honig alles, was das Herz begehrt. Neben rund 60 verschiedenen Honigsorten gibt es Bienenwachskerzen, Met, Propolis und weitere Honigprodukte.
Honighäusl, Viktualienmarkt, Abt. I, Stand 1/2, Tel. 0 89/26 61 47, Mo–Fr 9–18 Uhr, Sa 8.30–16 Uhr.

Form darbieten.« Elisabeth war's ganz poetisch um die Nase, während Markus wie hypnotisiert vor einem Regal mit Waldhonig stehen geblieben war. Die Etiketten auf den Gläsern waren von unten kaum zu lesen, so hüpfte der Doktor wiederholt vor dem Regal in die Luft, um die Ware besser in Augenschein nehmen zu können. Nach vier beherzten Sprüngen hatte er erkannt, dass es sich um hochwertigen Honig aus dem Odenwald handelte, und nach weiteren vier Sprüngen entdeckte er das Preisschild. Elisabeth schüttelte sich vor Lachen beim Anblick des hopsenden Doktors. Auch die Ladenbesitzer waren auf die beiden Teddys aufmerksam geworden. Solch illustre Kunden mit angeborenem Honigverstand hatten sie selten. »Dürfen wir euch vielleicht auf ein Glaserl Met einladen? Welche Honigsorte schmeckt euch Leckermäulern denn am besten?« Markus und Elisabeth ließen sich nicht zweimal bitten – und nach einer kleinen Honigverkostung »Teddy spezial« verließen sie quietschvergnügt mit einem Glas Odenwälder Honig und einer großen Tüte Honigbonbons unter dem Arm das Honig-Dorado.

Eine Kerze hilft immer

Der Weg zur Frauenkirche war mit eingeschaltetem Honig-Turbo schnell geschafft. Steffo und Markus wollten lieber draußen auf dem Vorplatz bleiben und sich bei den Wassersteinen Abkühlung verschaffen.
Auch Elisabeth hatte nicht vor, allzu lange in der großen, kühlen Kirche zu bleiben. Aber sie hatte hier etwas Wichtiges zu erledigen. Früher – noch vor ihrer Zeit im Museum – war sie mit ihren damaligen Menschen in schwierigen Situation immer in eine Kirche gegangen. Dort hatten sie dann nach einem kurzen Gebet eine Kerze angezündet. Elisabeth fühlte, dass ihre gemeinsame Zeit mit Markus in München zu Ende ging. Was danach aus ihr werden würde, war ihr völlig unklar. In dieser Lage eine Kerze zu stiften, konnte da bestimmt nicht schaden. Höflich fragte sie einen der Besucher der Kirche, ob er für sie wohl ein Licht anzünden würde – wer konnte da schon Nein sagen?
Nach einer knappen Viertelstunde gesellte sich die Bärin mit einer unbestimmten Hoffnung im Herzen wieder zu ihren Männern.

Der Blade Night entgegen

»Steffo hat eine klasse Idee! Wir fahren mit ihm nach Hause, holen seine Skates und machen uns dann auf in den Hirschgarten.«

»Am Hirschgarten können wir uns noch ein wenig ausruhen – und ihr Fressbären habt noch mal eine Chance auf Futter. Danach steigen wir an der Arnulfstraße in die Blade Night ein.«

»Der Hirschgarten hat eine lange Geschichte: Schon 1780 wurde hier ein Tiergarten angelegt mit 100 Hirschen. Bis heute wird hier Rotwild gehalten!« Steffo erzählte, während Markus und Elisabeth sich im Rucksack heimlich über das Glas Honig hermachten. Als sie an der Kletterwand im Hirschgarten vorbeikamen, hielt Steffo an.

»Los kommt raus, hier gibt's was für euch!« Steffo öffnete den Rucksack. Zwei total verklebte Bären blinzelten ihn verlegen an. »Von wegen Bären – Ferkel!«, stellte Steffo fest »Bleibt, wo ihr seid! Wir fahren zum Wasserspielplatz.«

Mit langen Fingern zog Steffo die Honigbären aus seinem Rucksack, packte sie am Genick und tauchte sie ins kalte Wasser. Es dauerte lange, bis

die Honigreste weggespült waren und die Bären wieder auftauchen durften.
»Das war gemein von dir. Wir wären fast ersoffen!« Elisabeth japste nach Luft und strich sich das Fell an der Nase glatt. Steffo war dagegen heilfroh, dass das klebrige Zeug überhaupt abgegangen war. Schließlich mussten die Bären sauber blieben, damit sie morgen keinen verwahrlosten Eindruck machten.
»Ihr habt ab sofort Fress-Pause! Und ich genehmige mir ein Helles und einen Steckerlfisch«, schimpfte Steffo, musste aber heimlich über die beiden Süßen lächeln.

Zum Umfallen müde

Es dämmerte schon, als Steffo mit seinen kleinen Freunden an der Blade-Night-Strecke stand. Er hatte dem Doc Mini-Skates gekauft, denn der Bärenmann wollte unbedingt ein Stück selber fahren. Als das Skaterfeld näher kam, gab Markus Gas, er war in guter körperlicher Verfassung, und seine kurzen Beinchen rotierten förmlich. Elisabeth saß wie ein Papagei auf Steffos Schulter und musste sich ordentlich festkrallen, als auch er Fahrt aufnahm. Steffo staunte nicht schlecht über den über alle Fellbacken strahlenden Flitzer: »Kaum zu fassen, wie schnell du trotz deiner kurzen Beine rollst – und das beim ersten Mal.« Markus sang nur selig vor sich hin »Ich bin ein Skater – Platz da für den Teddy-Skater!«

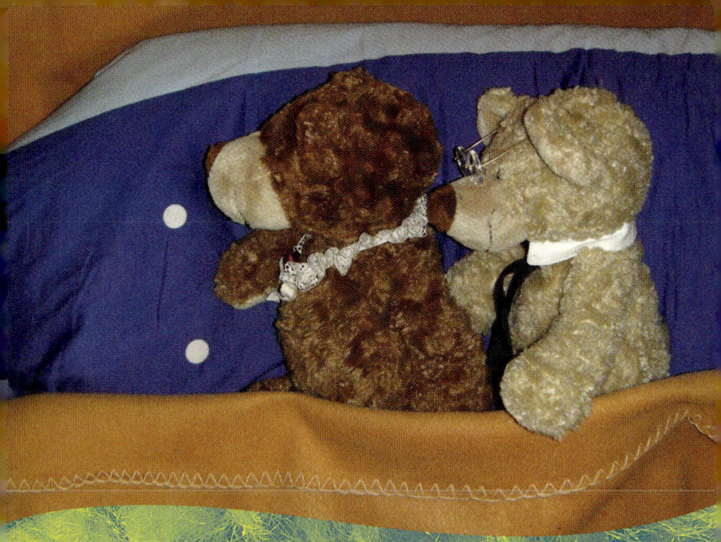

Tag 12:

Kino, Mond und Seligkeit

- Haidhausen
- Westpark
- Open-air-Kino

Als Markus an diesem Tag seine Knopfaugen öffnete, war es schon spät. Er lag angekuschelt bei Elisabeth, die noch fest schlief. Markus liebte es, so neben seiner Bärendame aufzuwachen – er konnte sich gar nicht mehr vorstellen, ohne sie zu sein.
Heute würde ein ganz besonderer Tag werden, das spürte Markus mit jeder einzelnen Fellfaser.

Doktor Bär stand leise auf und bewegte sich vorsichtig ins Bad – die Blade Night von gestern hatte ihm einen ausgewachsenen Muskelkater beschert. Sorgfältig kämmte er sein Fell. Als er im Flur das Telefon sah, fiel ihm Tom von den Bavaria Filmstudios ein.
»Hat er nicht gesagt, wir sollen anrufen, um nach der Rolle für den Bärenfilm zu fragen?«
Es war gar nicht so leicht, mit steifen Pfoten die Telefontasten richtig zu treffen. Aber nach dem dritten Versuch hatte er es geschafft, und es meldete sich eine Männerstimme:
»Hier Tom Schumann.«
»Hier Markus, der Bär.« Der Doc war es nicht gewohnt zu telefonieren und kam direkt zur Sache: »Habe ich die Rolle?«
»Ach – Markus, du bist es! Ja, du hast es geschafft – und deine Freundin auch. Ich wollte dich heute noch anrufen. Ihr werdet beide in dem Film ›Das Wunder vom Bär'n‹ mitspielen – dabei geht es um ein unglaublich spannendes

Ballspiel. Können wir uns irgendwann mal treffen und die Einzelheiten besprechen?«

Markus freute sich tierisch. Gleichzeitig kam ihm eine geniale Idee.
»Ja, gerne, ich wollte dir ohnehin meinen Manager Steffo vorstellen. Hast Du vielleicht gleich heute Abend Zeit? Wir treffen uns bei Kino, Mond und Sterne.«
Der Filmemacher kannte natürlich die Freilichtbühne im Westpark und freute sich auf eine schöne lange Kinonacht mit seinen zukünftigen Hauptdarstellern.
»Na, dann bis heute Abend.«
»Tschüß, Tom!«

Aufgeregt lief Markus zu Elisabeth und stupste sie an der Nase.
»Wach auf, mein liebes Bärchen. Ich muss dir was erzählen.«
Beim Frühstück redeten sie nur über berühmte Bärenfilme und über Markus' geniale Idee, dass Steffo doch bei Tom arbeiten könnte.

Intermezzo

Bis zum Abend hatten die beiden Plüschbären allerdings noch viel Zeit und beschlossen daher, Haidhausen unsicher zu machen. Mit der U4 waren sie im Nu am Max-Weber-Platz, und von dort waren es nur ein paar Gehminuten bis zum

Wiener Platz. Dort kaufte Markus in dem kleinen Blumenladen am Markt seiner Lieblingsbärin eine wunderbar duftende Rose, wofür diese sich mit einer Einladung zu einer Eisschokolade im Café gegenüber bedankte. Pfote in Pfote schlenderten die beiden anschließend noch durch das Viertel und bestaunten die Auslagen der vielen originellen Geschäfte. Doch so langsam wurde Markus immer unruhiger. Irgendwas lag in der Luft.

»Wie spät ist es?«, fragte er Elisabeth jetzt schon zum x-ten Mal.

»Markus! Und wenn du mich noch zwanzigmal fragst, ich weiß es nicht! Aber wenn es dich beruhigt, dann fahren wir jetzt schon zum Westpark, damit wir frühzeitig an der Seebühne sind.«

Kurz nach 16 Uhr machten sich die Kurzen mit der U 4 auf den Rückweg und gelangten mit dem Bus 133 direkt zum Westpark.

Szenenwechsel

Etwa zur gleichen Uhrzeit stand Martine am Münchner Hauptbahnhof. Sie war genauso aufgeregt wie Markus, nur wusste sie warum. Es war

Teddy-Tour-Tipp

Haidhausen, zwischen Friedensengel, Maximilianeum und Ostbahnhof gelegen, ist einen Abstecher wert. Der Stadtbezirk – vor allem das »Franzosenviertel« rund um den Pariser Platz – blieb im Zweiten Weltkrieg weitgehend verschont. Über die Hälfte aller Wohnhäuser stammt aus der Zeit vor 1918. In Haidhausen haben sich heute Boutiquen, Antiquitätengeschäfte, Banken, Reisebüros, Galerien und »Lifestyle«-Läden niedergelassen.
Anfahrt: U 4 oder U 5 – Haltestelle Max-Weber-Platz; S1–S8 – Haltestelle Rosenheimer Platz; Tram 19 – Haltestelle Max-Weber-Platz; Tram 18 – Haltetstellen Gasteig, Wiener Platz, Max-Weber-Platz, Friedensengel.

die Vorfreude, die sich in ihrem Bauch ganz breit gemacht hatte. Bis jetzt lief der Plan, den Steffo und sie ausgeheckt hatten, wie am Schnürchen.

16.10 Uhr: Der Zug aus Aschau traf ein. »Das muss sie sein«, dachte Martine, als sie die kleine blonde Frau auf dem Bahnsteig erspähte. Martine holte Christiane, Markus' verloren gegangene Menschenfreundin, ab. Durch die Ansichtskarte, die er an Christiane geschrieben hatte, war es auch Martine möglich gewesen, Kontakt zu der so sehr Vermissten aufzunehmen.

»So ein Schlingel!«, hatte Christiane geschimpft, als sie vor vier Tagen mit Martine telefoniert hatte. Gleichzeitig war sie überglücklich zu hören, dass Markus nichts weiter passiert war, und sehr gerührt, als sie von seinen immer wieder auftretenden schweren Sehnsuchtsanfällen gehört hatte.
Martine erzählte Christiane von ihrer Idee einer glücklichen Wiedervereinigung.
»Aber selbstverständlich komme ich! Und ich sage seinen Freunden Bescheid. Das wird ein Fest!« Christiane hatte sich bei der Vorstellung, wieder mit ihrem geliebten Bären zusammen zu kommen, gefreut wie ein kleines Kind.
Nun war es endlich so weit. Sie war in München, wo sie vor 12 Tagen Markus verloren hatte und anschließend todtraurig alleine heimgefahren war.

Nach einer herzlichen Begrüßung stiegen die beiden Frauen in Martines knallroten Uralt-Seat und fuhren Richtung Westend. Sie hatten noch Zeit, und Martine weihte Christiane in alle Einzelheiten ihres Plans ein:
Um 19 Uhr würden sie sich mit Steffo direkt am Eingang zur Seebühne treffen. Er sollte Isomatten und Decken mitbringen und die Eintrittskarten für die Open-Air-Veranstaltung von Kino, Mond & Sterne besorgen. Martine hatte sich schon um ein umfangreiches Picknick gekümmert.

»So früh können wir uns ein hübsches Plätzchen aussuchen und alles herrichten, damit wir Markus und Elisabeth so richtig schön empfangen können.«
»Wer ist Elisabeth?« Christiane spürte einen Stich mitten durchs Herz. Hatte Markus eine neue Menschenfreundin gefunden?
»Keine Sorge, Elisabeth ist eine ausgesprochen nette Bärendame. Allerdings scheint Markus sie

Teddy-Tatzen-Tipp

Gibt es Schöneres, als sich mit Freunden bei schönem Wetter im Freien zu treffen und einen guten Film zu sehen? »Kino, Mond & Sterne« findet alljährlich im Sommer in Münchens schönster Freilichtarena statt. Es bietet eine gelungene Mischung aus Mainstream und Geheimtipp, Komödie und Gefühlskino, großen Kinohits und kleinen Filmkunst-Juwelen. Isomatten, Decken und Brotzeit können mitgebracht werden (kein Glas oder Porzellan!). Man kann sich auch vor Ort versorgen, selbst Sitzkissen und Decken werden ausgeliehen. Anfahrt: MetroBus 51 – Ammerseestraße (10 Min. Fußweg); StadtBus 133 – Hinterbärenbadstraße (10 Min. Fußweg); Tram 18 – Stegener Weg (5 Min. Fußweg); U6 – Westpark (8 Min. Fußweg). **Kino, Mond & Sterne, Seebühne im Westpark, www.kino-mond-sterne.de, Eintritt 5 €.**

schon sehr in sein Herz geschlossen zu haben ...«
Martine und Christiane lächelten sich verschwörerisch an – und bastelten gemeinsam an ihrem Überraschungsplan weiter.

Es ist soweit

Es war genau 19.58 Uhr, als Steffo die beiden Plüschfreunde in der Ferne erkannte.
Markus und Elisabeth hatten im Westpark Tom getroffen und sich mit ihm zusammen auf das letzte Stück Weg zur Seebühne gemacht. Zur allgemeinen Freude hatte Tom auch Rolli, die laufende Filmspule, mitgebracht.

Markus war immer noch nervös – nur der Bär im Himmel wusste, warum.
»Hallo Steffo! Das ist Tom – dem fehlt ein Produktionsleiter«, platzte Markus mit seiner Meldung heraus. Bei so viel Direktheit mussten Tom und Steffo lachen.
»Na, kommt erstmal mit.« Steffo führte seine Gäste zur Seebühne, wo Martine inmitten eines üppigen Picknicks auf sie wartete.
Elisabeth und Markus liefen mit ihren kurzen Beinchen so schnell wie möglich zu ihr.
»Hurra Martine – Hurra Martine!«, riefen sie und rannten ihre neue Freundin regelrecht um. Martine ließ sich auf den Rücken fallen, und das Teddypaar hüpfte ihr übermütig auf den Bauch. Als der Freudentaumel abgeebbt war, würdigten

alle die Leckereien, die Martine mitgebracht hatte. Und was es da alles gab – Nudelsalat, Würstchen, Tomaten mit Mozzarella und Fischhappen mit Dill. Und an etwas Süßes hatte sie auch gedacht: Leckere Honig-Mandelhörnchen und die allerköstlichsten Profiteroles ließen den Bären das Wasser im Munde zusammen laufen.

»Das ist aber eine Riesen-Überraschung!« Elisabeth war überglücklich.

Manchmal kommt es dick

20.20 Uhr: Der Doc wollte sich gerade über einen gehäuften Teller Nudelsalat hermachen, als er plötzlich seinen Hasenfreund Lothar aus Bremen entdeckte. Hinter ihm kamen Johannes und Paul, die er aus Mainz kannte, und Felix, der Tiger vom Bodensee.

Markus' Fellhaare stellten sich auf, und der sonst so gefräßige Teddy ließ verwundert den Teller sinken. »Ja – wo kommt ihr denn her?« Markus glaubte, das Wiedersehen mit seinen besten Freunden wäre Zufall. Nach kräftigen Umarmungen und heftigem Rückenklopfen plapperten die fünf Kuscheltiere munter drauflos. Steffo und Martine dagegen waren ganz ruhig und beobachteten die Szene aus einiger Entfernung.

So viel Aufregung für einen kleinen Plüschbären! Markus konnte sich kaum beruhigen. Er hielt Elisabeth fest bei der Pfote – als ob nur sie ihm Ruhe und Gelassenheit geben könnte.

Mittlerweile war es 20.38 Uhr. Markus hatte eine Pfefferbeißerwurst in der Pfote, als ihn wieder etwas vom Essen abhielt. Seine Nase witterte Vanille-Mandarinen-Seife. Unwillkürlich drehte er sich um und konnte seinen Augen kaum trauen: Da hinten war Christiane und kam direkt auf ihn zu! Elisabeths Tatze fest umklammernd, ging der Bär ungläubig Schritt für Schritt ganz langsam auf sie zu.
»Wo willst du denn hin?«, fragte Elisabeth. Doch Markus antwortete nicht. Er nahm überhaupt nichts mehr wahr von seiner Umgebung – keine Menschen, keine Stimmen. Nicht einmal die vielen Leckereien. Sogar seine Wurst fiel ihm aus der Pfote.
»Christiane – meine Christiane ...«, murmelte Dr. med. Markus benommen. Jetzt begriff Elisabeth,

was hier passierte. Sachte löste sie sich von Markus und blieb stehen. Es waren nur noch knappe vier Meter, und Markus flog förmlich in die Arme seiner besten Menschenfreundin. Dicke Freudentränen kullerten über sein kleines Fellgesicht.

Abspann

Der Film, der um 21.30 anfing, war nach einhelliger Meinung von Paul, Johannes, Rolli, Felix und Lothar wirklich gut. Die anderen glaubten ihnen – sie hatten keinen Blick auf die Leinwand geworfen.

- Steffo und Tom waren ins Gespräch gekommen, und sie fachsimpelten die halbe Nacht. Steffos Chancen, einen Job zu bekommen, sahen gar nicht so schlecht aus.
- Christiane hielt Markus die ganze Zeit im Arm und adoptierte Elisabeth vom Fleck weg. Ihre Vitrine im Spielzeugmuseum wird wohl leer bleiben. Elisabeth schlug zur Feier der Familienvergrößerung eine Reise nach Bär-lin vor.
- Christiane und Tom waren durch Wiedersehensfreude und Fachgespräch zwar abgelenkt, doch fanden ihre Blicke immer öfter zueinander. Ob sie wie Markus und Elisabeth ein gemeinsames Nest aus Rosenblättern bauen werden? Die beiden Bären waren optimistisch.
- Und Martine? Die genoss den gelungenen Abend von ganzem Herzen!

Register